科学符号

科学世界中意义、应用和解释的可视化目录

［英］凯蒂·斯蒂克尔斯
（Katie Steckles）
　　　　　　　　　编著
［英］内森·亚当斯
（Nathan Adams）

赵　超　译

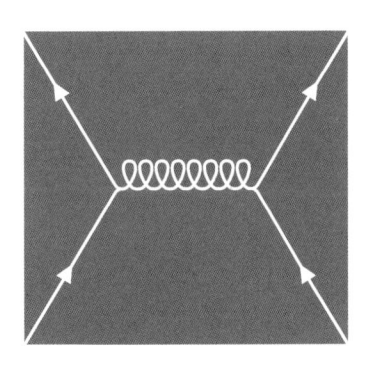

科学普及出版社
·北　京·

图书在版编目（CIP）数据

科学符号 /（英）凯蒂·斯蒂克尔斯,（英）内森·亚当斯编著；
赵超译 . -- 北京：科学普及出版社，2024.8（2025.6 重印）
书名原文：THE CURIOUS WORLD OF SCIENCE SYMBOLS
ISBN 978-7-110-10664-8

Ⅰ.①科… Ⅱ.①凯… ②内… ③赵… Ⅲ.①符号学—普及读物 Ⅳ.① H0-49

中国国家版本馆 CIP 数据核字（2023）第 240917 号

著作权合同登记号　图字：01-2024-0034
Copyright © UniPress Books 2022
This translation originally published in English in 2022 is published by arrangement with UniPress Books Limited.
本书原版由英国联合出版公司于 2022 年以英文出版。
本书中文简体版权归属于中国科学技术出版社有限公司。

策划编辑	高立波
责任编辑	夏凤金
封面设计	北京潜龙
正文设计	中文天地
责任校对	吕传新
责任印制	徐　飞

出　　版	科学普及出版社
发　　行	中国科学技术出版社有限公司
地　　址	北京市海淀区中关村南大街 16 号
邮　　编	100081
发行电话	010-62173865
传　　真	010-62173081
网　　址	http://www.cspbooks.com.cn

开　　本	787mm×1092mm　1/16
字　　数	226 千字
印　　张	14
版　　次	2024 年 8 月第 1 版
印　　次	2025 年 6 月第 2 次印刷
印　　刷	北京博海升彩色印刷有限公司
书　　号	ISBN 978-7-110-10664-8 / H・249
定　　价	118.00 元

（凡购买本社图书，如有缺页、倒页、脱页者，本社销售中心负责调换）

目 录 Contents

导言 ……………………………… 6

字母

A a ……………………………… 10
B b ……………………………… 12
C c ……………………………… 14
D d ……………………………… 16
E e ……………………………… 18
F f ……………………………… 22
G g ……………………………… 24
H h ……………………………… 26
I i ……………………………… 30
J j ……………………………… 32
K k ……………………………… 34
L l ……………………………… 36
M m ……………………………… 38
N n ……………………………… 40
O o ……………………………… 41
P p ……………………………… 42
Q q ……………………………… 44
R r ……………………………… 45
S s ……………………………… 46
T t ……………………………… 48
U u ……………………………… 49
V v ……………………………… 50
Ww–Yy ……………………………… 52
Z z ……………………………… 54
Aα–Γγ ……………………………… 56
Δδ ……………………………… 57
Eε–Zζ ……………………………… 58
Θθ–Kκ ……………………………… 59
Λλ ……………………………… 60
Mμ–Ππ ……………………………… 61
Pρ–Σσ ……………………………… 62
Tτ–Υυ ……………………………… 63
Φφ ……………………………… 64
Xχ–Ωω ……………………………… 65

数字

印度-阿拉伯数字 ……………………………… 68
数字的基数 ……………………………… 70
基于十进制的其他数字系统 ……… 72
其他基数的数字系统 ……………… 74
其他数字系统：不同的结构 ……… 76
代码中的数字 ……………………………… 78
大数字 ……………………………… 82
小数、分数和百分数 ……………… 84
其他种类的分数 ……………………………… 86

数学符号

一元运算符 ……………………………… 90
二元运算符 ……………………………… 92
括号 ……………………………… 94
点 ……………………………… 96
函数 ……………………………… 98
无限与极限 ……………………………… 100
等于和不等于 ……………………………… 102
集合 ……………………………… 106
组合集 ……………………………… 108
逻辑与证明 ……………………………… 110
数字类型 ……………………………… 112
统计学 ……………………………… 114
几何学 ……………………………… 116
微积分 ……………………………… 118
矩阵 ……………………………… 122
向量 ……………………………… 126
运算顺序 ……………………………… 128

科学符号

化学 ……………………………… 132
元素周期表 ……………………………… 134
化学方程式 ……………………………… 136
实验室设备 ……………………………… 138
化学危险符号 ……………………………… 140
物理学 ……………………………… 142

国际单位制	144	DNA	164
原子的结构	146	蛋白质	166
分子结构	148	家谱和基因图	168
力和自由体图	150	天行者家族谱系图	170
费曼图	152	计算机科学与电子学	172
光路图	154	代码	174
太阳系	156	正则表达式	176
物理学中的标准模型	158	电路图符号	178
生物学	160	电阻器	180
系统生物学	162	布尔逻辑	182

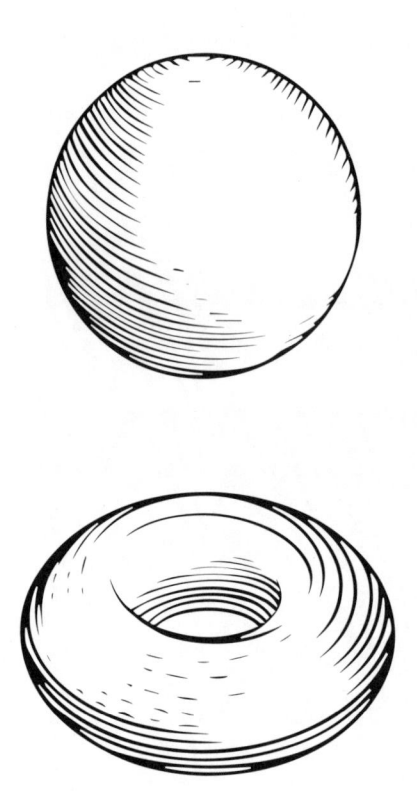

其他表示方法

其他符号⋯⋯⋯⋯⋯⋯⋯⋯ 186
维恩图⋯⋯⋯⋯⋯⋯⋯⋯⋯ 188
配置⋯⋯⋯⋯⋯⋯⋯⋯⋯⋯ 190
古代炼金术符号⋯⋯⋯⋯⋯ 192
欧几里得的几何公理⋯⋯⋯ 194
记录符号⋯⋯⋯⋯⋯⋯⋯⋯ 196
纽结记号和杂耍记号⋯⋯⋯ 198
舞蹈记号和敲钟记号⋯⋯⋯ 200
图形⋯⋯⋯⋯⋯⋯⋯⋯⋯⋯ 202

图表⋯⋯⋯⋯⋯⋯⋯⋯⋯⋯ 204
分形⋯⋯⋯⋯⋯⋯⋯⋯⋯⋯ 206
四元数⋯⋯⋯⋯⋯⋯⋯⋯⋯ 208
数学图表⋯⋯⋯⋯⋯⋯⋯⋯ 210

索引

符号索引⋯⋯⋯⋯⋯⋯⋯⋯ 214
文字索引⋯⋯⋯⋯⋯⋯⋯⋯ 220

图片来源⋯⋯⋯⋯⋯⋯⋯⋯ 224

$\vec{F}$ 净力

导言

符号是交流的重要组成部分。从组成单词的字母，到单词、句子之间用来传达更微妙信息的标点符号，甚至是角落里的页码，所有这些符号汇集于笔下，一起传达作者的意图。

表达复杂的概念

在科学中，所传达的信息往往更加复杂和抽象，大量预先定义的概念、结构和想法经常组合在一起，以交流新的发现，教授历史观点。

几个世纪以来，书面科学的面貌与普通文本已渐行渐远，不同于"名字＋说明文"的形式，人们已经发明出了大量的符号表示法：化学公式、DNA（脱氧核糖核酸）编码、数学方程式，以及表达和测量物理量，这些都有自己的速记法。

每个符号都有特定的目的和意义，科学家会用某些符号来传达他们的想

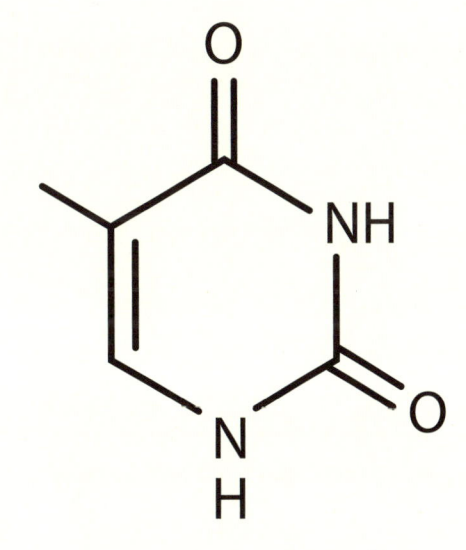

法，本书将通过这些符号探索科学世界。另外，还会简要探讨这些符号的历史、起源以及演变。书中的一些概念在高中数学和科学课上早已司空见惯，还有一些概念将为我们认识更高层次主题打开一扇窗。

定义发现

对于科学思想和科学发现，书写和交流的方式决定了它们的发展方向。如果没有威廉·卢云·哈密顿（William Rowan Hamilton）对四元数的发现（见第209页），数学家可能就不会考虑非标准算术的可能性。费曼图（见第152页）使物理学家能够更容易地计算量子物理碰撞中涉及的能量，从而打开了量子世界。解密DNA的编码结构（见第164页）使人类能够从根本上了解自己和地球上的其他生物。

本书分为五个主要部分：首先是字母表中的字母及其用途，接下来是数字及其历史，然后是科学中其他各种符号的细分，最后集中介绍了其他符号、图表和可视化的表达。本书还包含图形索引，可用于查找未知符号，并了解其在科学中的使用方法。

π

字母

在数学中，拉丁字母用来表示未知数。在代数中，我们使用字母对精确值未知的量进行演算。字母还可以用于表示从单个点到无限连续体等各种数学结构、对象和概念。在物理学中，字母既用于表示数量：高度、质量或温度，也用于表示测量它们的单位：米、千克或摄氏度。虽然单位制种类繁多，但科学家有一套共同的标准单位：国际单位制（SI，见第144页）。

A a

拉丁字母（罗马字母）表中的26个字母在科学中用途广泛。

面积

字母 A 用于表示二维图形的面积。下图给出了几种常见图形的面积计算公式。

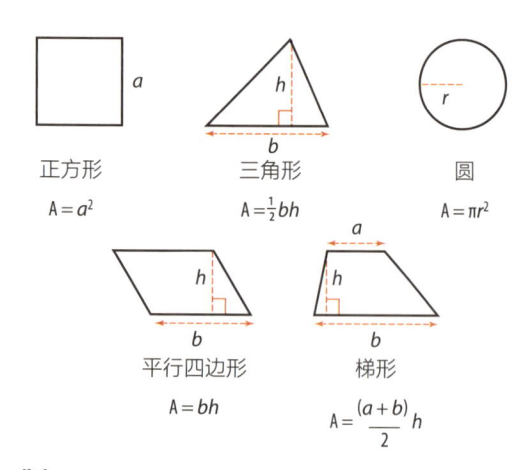

正方形　　　三角形　　　圆
$A=a^2$　　$A=\frac{1}{2}bh$　　$A=\pi r^2$

平行四边形　　　梯形
$A=bh$　　　$A=\frac{(a+b)}{2}h$

阿 -

小写字母 a 是 SI 词头"阿 -"的标准缩写（表示一百亿亿分之一，或 10^{-18}）。1 阿克（ag）是 0.000 000 000 000 000 001 克。

代数数

在数学中，代数数集合用 A 表示。代数数是实数的子集，只包含整数系数多项式的解。例如，2 的平方根（$\sqrt{2}$）是 $x^2-2=0$ 的解。所有整数和有理数（见第 112 页）都是代数数。

非代数实数称为超越数，包括 π（见第 61 页）和 e（见第 18 页）。

安培

安培，表示为 A，是电流（见 I，第 31 页）的 SI 单位。通常简称为"安"，1 安培等于 1 库仑每秒。安培是用电流表测量的。

▼ 在这种老式电流表中，线圈随电流变化而移动，从而导致指针位置移动。

加速度

在力学中，物体的加速度是其速度相对于时间的变化率，用 a 表示。加速度的单位是米每二次方秒（m/s²），可通过作用在物体上的净力除以其质量计算。

埃

1 埃的长度等于 10^{-10} 米，或 1 米的百亿分之一。它用符号 Å（一个大写的 A 上面加一个圈）来表示。在斯堪的纳维亚国家，Å 是字母表中的一个单独字母。虽然埃不属于国际单位制，但仍经常在科学中用于表示长度，如原子半径、化学键长度、生物结构的大小和辐射波长。氯原子的半径约为 1 埃。

其他用途

在人类生物学中，A 用于表示四种主要血型之一。A 也在恒星分类中用于表示一种光谱类型。

Bb

球体

在几何学中，B^n 用于表示一个 n 维球体：在 n 维空间中，与定点的距离等于或小于定长的点的集合。球的边界称为球壳，"单位球"是半径为 1 的球。

磁通密度

在物理学中，B 用来表示磁场的磁通密度。磁场是向量场，在其空间内每一点都对其中的带电粒子产生磁力。磁通密度 B 的单位是特斯拉（T，见第 48 页）或千克每二次方秒安培 $[kg/(s^2 \cdot A)]$。

浮力

浮力（B）是一种向上的力，垂直向上作用于浸入液体中的物体，单位为牛顿（N）。浮力等于液体密度、物体排出的液体体积和重力加速度 g 的乘积（见第 24 页），也可以通过用物体在真空中的重量减去物体浸入液体后的重量来计算。

基

在向量空间的研究中，B 用于表示向量空间的基：一组线性独立的向量（即这组向量中没有任何一个向量可以用其他向量组合的倍数来表示）并涵盖整个空间（空间中的任意一个向量都可以写成基向量的倍数相加）。

例如，向量（1, 0, 0），(0, 1, 0)，(0, 0, 1) 构成了三维欧氏空间的基。

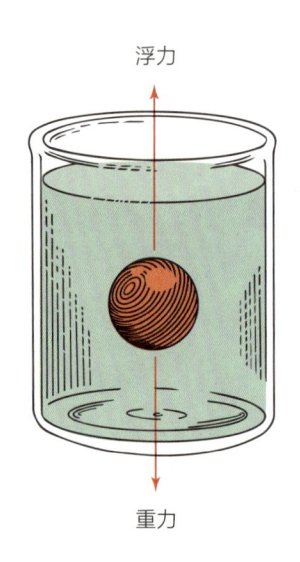

其他用途

B 也用于在人类生物学中表示四种主要血型之一，以及恒星分类中的光谱类型。小写字母 b 可用于表示一种亚原子粒子——底夸克。

◀ 有两种力作用在水中的固体上：重力将它向下拉，浮力则把它向上推。

伯努利数（B_n）

伯努利数是在18世纪由两位数学家——雅各布·伯努利（Jacob Bernoulli）和关孝和（Seki Takakazu）同时独立发现的，伯努利数是一列有理数，与数论中的几个领域都相关。

伯努利数可用于编写连续数的幂和的通用公式。阿达·洛芙莱斯（Ada Lovelace）以此为主题为查尔斯·巴贝奇（Charles Babbage）的分析机编写代码，她的工作被认为是最早的计算机程序。

n	B_n
0	1
1	½
2	⅙
3	0
4	-1/30
5	0
6	1/42

◀ 英国数学家阿达·洛芙莱斯（1815—1852），编程语言Ada就是以她的名字命名的。

C c

周长

字母 c 用于表示圆的周长,即围绕圆外部一周的距离。若圆的半径为 r,则其周长为 $2\pi r$。

光速

真空中的光速为 299 792 458 米/秒(m/s),表示为 c。声速也用 c 表示,其值取决于传播介质的性质。

浓度

在物理学中,浓度用于度量混合物的混合程度,定义为混合物中某物质的量除以混合物(例如,某物质的水溶液)的总体积。浓度有多种定义方式,取决于要测量的内容:

- 摩尔浓度,即给定体积液体中溶解物质的摩尔数,用 c_i 表示,单位是摩尔每升(mol/L)。

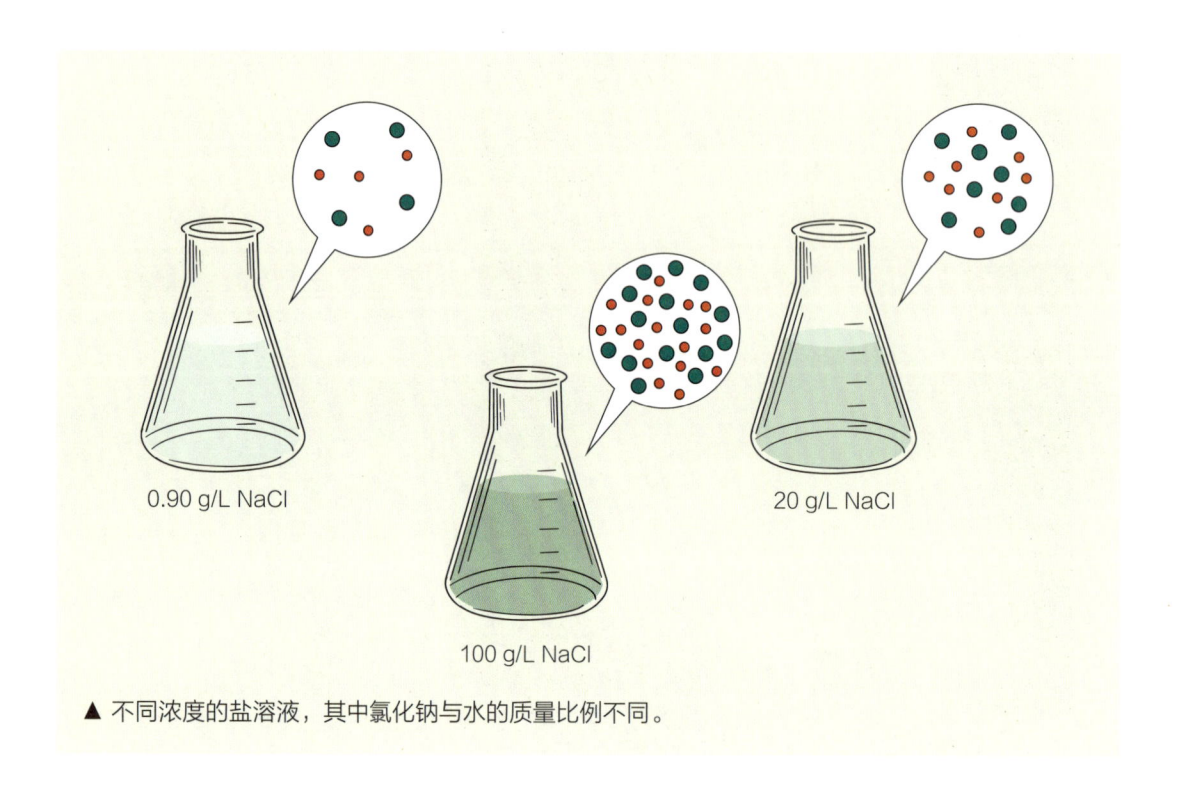

0.90 g/L NaCl

100 g/L NaCl

20 g/L NaCl

▲ 不同浓度的盐溶液,其中氯化钠与水的质量比例不同。

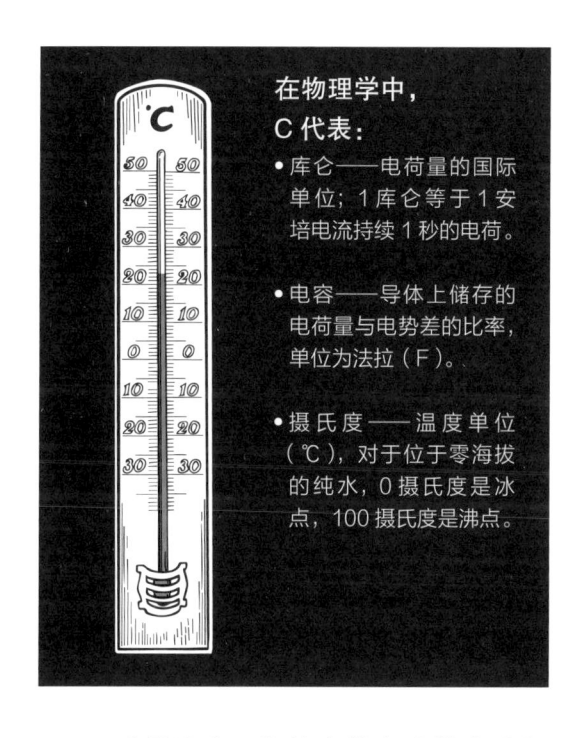

在物理学中，C 代表：

- 库仑——电荷量的国际单位；1 库仑等于 1 安培电流持续 1 秒的电荷。

- 电容——导体上储存的电荷量与电势差的比率，单位为法拉（F）。

- 摄氏度——温度单位（℃），对于位于零海拔的纯水，0 摄氏度是冰点，100 摄氏度是沸点。

复数

在数学中，复数集合用 C 表示。有关数字类型的更多信息，请见第 112 页。

积分常数

在微积分中，在对一个表达式进行积分之后，通常会添加一个积分常数，因为任何常数项在微分时都会消失，所以积分（或反导数）后会得到一系列可能的值，这些值相差一个常数，写为"+C"。有关微积分的更多信息，请见第 120 页。

- 质量浓度，即给定体积液体中溶解物质的质量，用 ρ_i 表示（ρ 为希腊字母，读作"柔"），单位为千克每立方米（kg/m^3）或克每升（g/L）。

- 数量浓度，即给定体积液体中物体的数量，用 C_i 表示，单位是每立方米（m^{-3}）的单位数。

- 体积浓度，即给定体积液体中物质的体积，表示为 σ_i（σ 为希腊字母，读作"西格马"），单位是升每升（通常表示为百分比或小数）。

厘－

小写字母 c 是 SI 词头"厘－"的标准缩写（表示百分之一，或 10^{-2}）。1 厘升（cl）为 0.01 升。

其他用途

C 在罗马数字中表示 100（见第 76 页）。C 还表示三角形第三条边的长度（另两条边是 *A* 和 *B*）。小写 c 用于表示一种亚原子粒子——粲夸克。

D d

距离

字母 d 用于表示两点 p 和 q 之间的距离，有时表示为 |pq| 或 d (p，q)。在物理计算中，它可以表示物体移动的距离或两个物体之间的距离。

在数学中，有多种计算距离的方法，称为距离度量。标准距离度量称为欧氏距离，对应于 n 维空间中两点之间直线的长度，计算如下：

$$d(p,q) = \sqrt{(p_1-q_1)^2 + (p_2-q_2)^2 + \cdots + (p_n-q_n)^2}$$

此处，首先计算两点在每个坐标方向上的差值，其次计算各差值平方和的平方根。在二维空间中，等同于毕达哥拉斯定理计算直角三角形斜边的方法。

其他距离度量包括出租车度量，在只被允许沿着网格线行驶的情况下，用于计算网格上两点之间的距离。另一个距离度量是相同长度单词之间的汉明距离，通过它们之间不同字母的个数来进行计算。

直径

字母 D 用于表示圆的直径，即经圆心到达圆周上两点的线段的长度。若圆半径为 r，则直径为 2r。

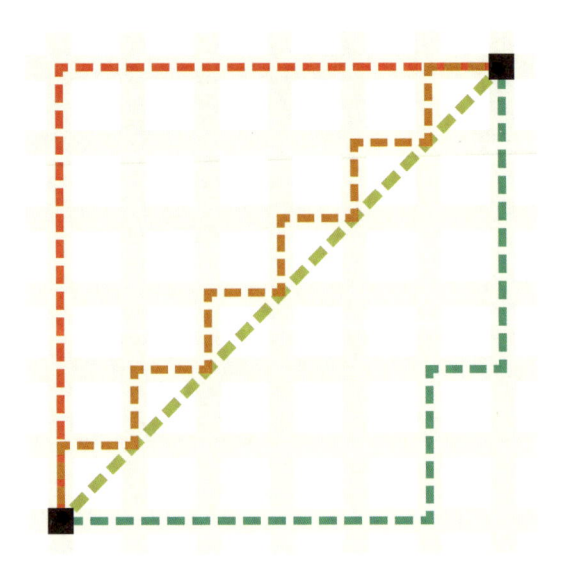

▲ 比较不同的距离度量：橄榄绿色的对角线为欧氏距离；其他颜色的线都表示出租车度量距离，其长度都相等。

分 -

小写 d 是 SI 词头"分 -"的标准缩写（表示十分之一或 10^{-1}）。1 分米（dm）等于 0.1 米或 10 厘米。

扩散系数

在化学中，D 用于表示两种物质的扩散系数或扩散率，用于衡量两种物质结合后相互扩散的速度。扩散率的单位是二次方米每秒（m^2/s）——如果数字很小，有时也可以用 mm²/s。扩散率取决于所涉及的物质及其温度。

物质在空气中的扩散系数一般比在水中高得多，氧在空气中的扩散系数为 17.6 mm²/s，在水中的扩散系数为 0.0021 mm²/s。

微分算子

在微积分中，d 用于表示微分算子。当应用于函数时，会得到其导数（用于表示量函数的梯度）。有关微积分的更多信息，请参阅第 118 页。

其他用途

大写的 D 在罗马数字中表示 500（见第 76 页），小写的 d 用于表示一种亚原子粒子——下夸克。密度有时也用 D 表示，代替希腊字母 ρ（见第 62 页）。

▲ 混合时，两种物质会相互扩散，扩散系数决定了扩散的速度。

E e

自然对数的底数

自然对数的底数在数学中非常重要，约等于 2.71828，用 e 表示。我们定义自然指数函数 $f(x)=e^x$，其导数与原函数相同（见微积分，第 118 页）。这个函数的反函数是自然对数，表示为 ln 或 $\log e$（见第 99 页）。

e 是一个超越数，这意味着它不能作为有理系数多项式方程的解。e 是欧拉恒等式的一部分，该等式中 e、i（见第 30 页）、π（见第 61 页）、1 和 0 的关系为：

$$e^{i\pi}+1=0$$

电子

电子是原子中的亚原子粒子，表示为 e 或 e^-。电子带负电荷，质量约为原子质量单位（碳 -12 原子质量的 1/12，译者注）的 1/1836。有关原子结构的更多信息，请见第 146 页。

基本电荷

基本电荷是描述单个质子携带的电荷量的基本物理常数，用 e 或 q_e 表示。其值是 $1.602176634\times 10^{-19}$ 库仑。电子的电荷为 –e。

物理学

在物理学中，E 可以用来表示：

能量：单位为焦耳（J），能量可以是动能、势能、弹性能、化学能或热能。能量是守恒量，不能被创造或消灭。

电场：带电粒子周围的场，对场中附近的物体施加吸引力或斥力，单位是伏特 / 米（V/m）。

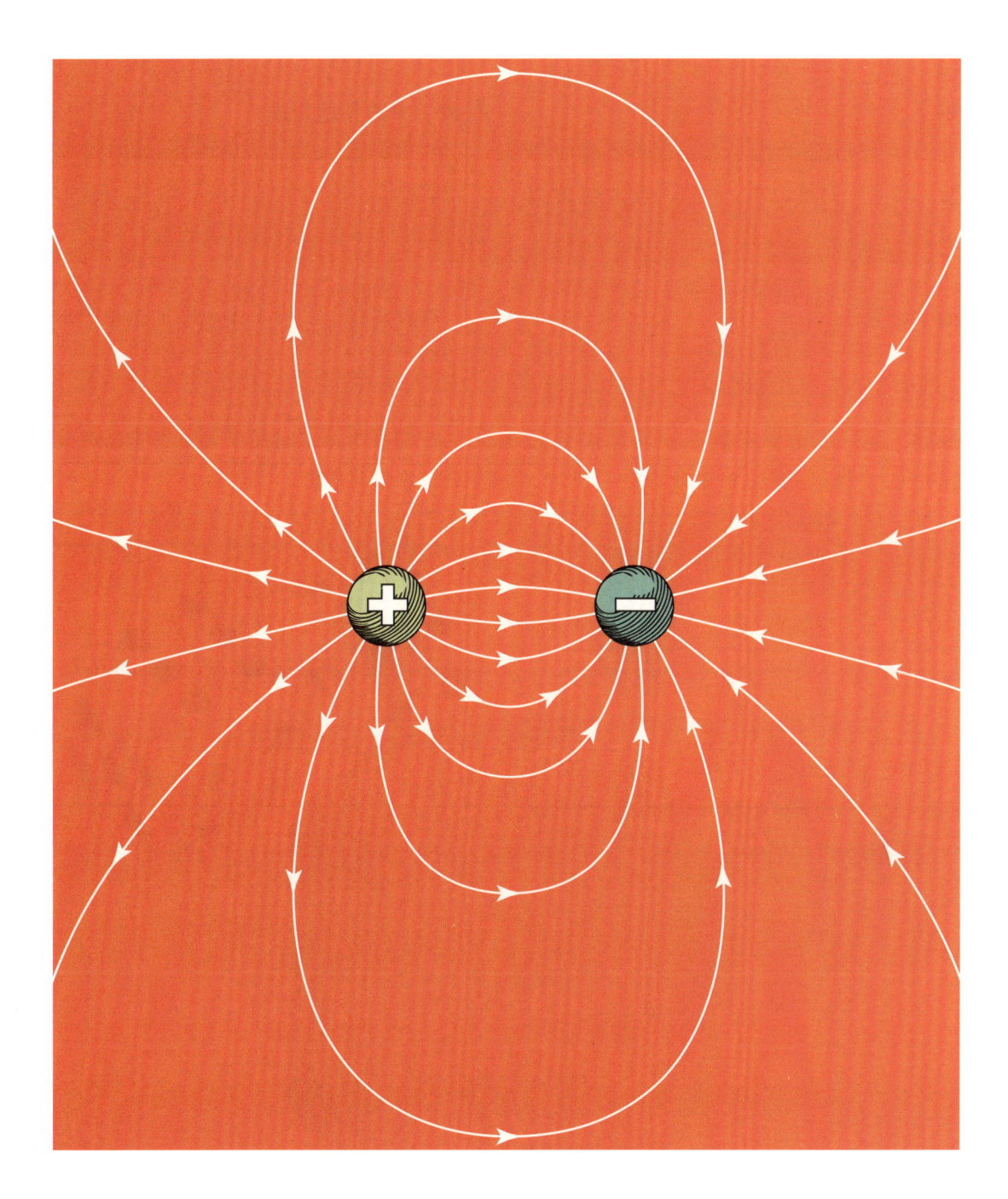

▲ 正电荷（左）和负电荷（右）周围的电场。

酶

在化学中，E 用于表示化学反应中的酶。酶是一种蛋白质，可作为生物催化剂加快反应进程。

科学记数法

标准形式或科学记数法是一种将大数字表示为低于 10 的值乘以 10 的幂的方法。例如，阿伏伽德罗常数在标准形式下写作 6.022×10^{23}。在编程中或在计算器上，字母 E 用于替换这种记数法中的"×10"和上标，所以阿伏伽德罗常数可写作 6.022E23。

艾-

小写 e 是 SI 词头"艾-"的标准缩写（表示一百亿亿，或 10^{18}）。例如，1 艾克（eg）为 1 000 000 000 000 000 000 克，1 艾秒（es）约为 320 亿年。

在数学中的其他用途

在概率上，$E(X)$ 用于表示随机变量 X 的期望值，表示可能取的平均值。例如，投掷标准 1~6 骰子的期望值是 3.5。

在图论中，E 用于表示图的边集（见第 202 页）。

小写字母 e 有时用于表示群中的单位元，特别是对称群。

偏心率

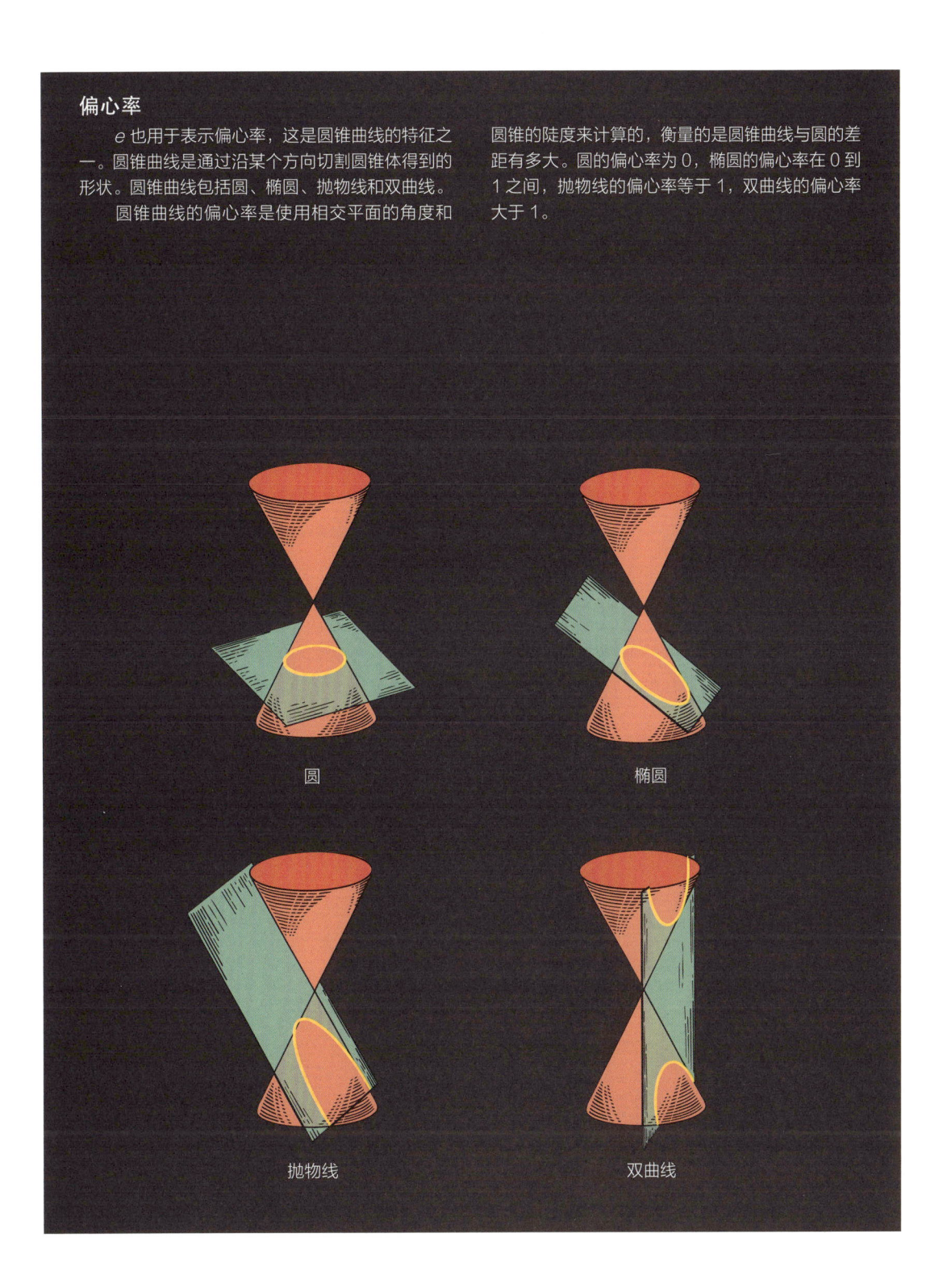

e 也用于表示偏心率，这是圆锥曲线的特征之一。圆锥曲线是通过沿某个方向切割圆锥体得到的形状。圆锥曲线包括圆、椭圆、抛物线和双曲线。

圆锥曲线的偏心率是使用相交平面的角度和圆锥的陡度来计算的，衡量的是圆锥曲线与圆的差距有多大。圆的偏心率为 0，椭圆的偏心率在 0 到 1 之间，抛物线的偏心率等于 1，双曲线的偏心率大于 1。

圆

椭圆

抛物线

双曲线

F f

华氏温度

华氏温度（℉）是华氏温标中的温度单位，32 ℉是海平面纯水的冰点，212 ℉是其沸点。1724年，物理学家丹尼尔·加布里埃尔·华伦海特（Daniel Gabriel Fahrenheit）发明了该温标，他还发明了水银温度计。人体平均温度为96 ℉。

飞-

小写f是SI词头"飞-"（femto-）的标准缩写（表示千万亿分之一或10^{-15}）。1飞秒（fs）是0.000 000 000 000 001秒。

函数

在数学中，f通常用来表示数学函数$f(x)$。

力

在物理学中，F用于表示力——导致物体改变其速度或位置的原因。力作为向量，同时具有大小和方向。力的单位是牛顿（N）或千克米每二次方秒$[(kg \cdot m)/s^2]$，其计算方式是质量乘以加速度。

F也用于表示摩擦力。

其他用途
F是恒星分类中的一种光谱类型，可以替代λ来表示频率（见第60页）。

▲ 施加一个力来推动割草机，虽然摩擦力作用于运动的反方向，但净力仍是向前的。

斐波那契数列

在数学中，斐波那契数列被定义为：
- 前两个斐波那契数都等于 1。
- 从第三项开始，每一项都等于前两个项之和。

基于此定义，该数列的排列方式为 1、1、2、3、5、8、13、21、34……第 n 个斐波那契数表示为 F_n，因此上面的表达式可以重新表示为：$F_0=F_1=1$，$F_n=F_{n-1}+F_{n-2}$。

斐波那契数与数学中许多有趣的模式都有关。斐波那契数列常见于自然界中，如种子头和花瓣中螺旋结构最优布局的一部分。相邻斐波那契数的比率的极限趋向于黄金比率——斐（ϕ）（详见第 64 页）。

▼ 菠萝的生长模式通常意味着在每个方向上的条纹数是一个斐波那契数。

法

法（farad，F）是电容的单位，电容是衡量物体储存电荷能力的单位。1 法拉等于四次方秒二次方安培每千克平方米 $[s^4A^2/(kg \cdot m^2)]$，该单位以科学家迈克尔·法拉第的名字命名。

◀ 迈克尔·法拉第（1791—1867）在电磁学方面作出了重大贡献，并面向公众举办科学讲座。

G g

克

小写的 g 用于表示克,是个质量单位,1kg 等于 1000g。

引力常数

引力常数 G 是引力系统计算中使用的物理常数。它通过以下等式将两个物体之间存在的引力与两个物体的质量、距离联系起来:

$$F = \frac{Gm_1m_2}{r^2}$$

这里,两个物体的质量分别为 m_1 和 m_2,它们之间的距离为 r,G 的值大致等于 6.674×10^{-11} m³/(kg·s²)。

小写字母 g 用于表示地球的重力加速度,其值约为 9.81 米每二次方秒(m/s²),或约 10 牛每千克(N/kg)。由于地球不是一个完美的球体,g 的值在地球上的不同地方有所不同,范围在 9.7639~9.8337m/s²。任何物体所受的重力都可以通过将其质量(以千克为单位)乘以 g 来计算得到。

吉-

G 用作 SI 词头"吉-"(表示 10 亿或 10^9)的标准缩写。1 吉焦耳(Gj)等于 1 000 000 000 焦耳。

群

在数学中,群 G 是一组元素,以及将

其他用途

大写 G 是恒星分类中的一种光谱类型。在讨论多个函数时,小写 g 通常用于表示第二个数学函数,因为 f 通常用于表示第一个数学函数。小写 g 也用于表示胶子:一种基本粒子。在地球上,重力加速度 g 取值为 9.81 m/s²。

◀ 在地球上,重力加速度 g 取值为 9.81 m/s²。

◀ 约西亚·威拉德·吉布斯（1839—1903），对物理、化学和数学乃至统计力学都作出了卓越贡献。

群内两个元素组合得到群内另一个元素的运算。例如，整数再加上加法就构成一个群，因为其中任意两个整数之和也是整数。

群的定义包括一些附加条件：原则上，组中必须有一个单位元（在整数群中为0），当它与任何其他对象组合时没有效果。每个元素在群中也必须有一个逆元素，因此将一个对象与其逆元素组合会得到单位元（在整数中，负数就是正数的逆元素）。

群可以是无限的，也可以是有限的，许多数学对象都有群的结构，包括排列的集合（见S，第46页）、几何图形的对称性和模块化算术中的数字（见第103页）。魔方上所有可能移动的集合就是一个群的例子，包含 43×10^{18} 个元素。

吉布斯自由能

在热力学中，吉布斯自由能（G）是在温度或压力没有任何变化的情况下可以从系统中提取的功。G以美国科学家约西亚·威拉德·吉布斯（Josiah Willard Gibbs）的名字命名，单位是焦耳（J）。

H h

高度

字母 h 通常用于表示物体的高度以及度量垂直距离。例如，三角形面积的公式为 $\frac{1}{2}bh$，其中，b 是三角形底边边长，h 是三角形的高。

小时

小写字母 h 是 1 小时的标准缩写，小时是时间单位，包含 3600 秒。许多常用单位都包含小时，如英里每小时（mph）是广泛使用的速度单位，千瓦时（kW·h）用于衡量用电量。

百-

小写字母 h 是 SI 词头"百-"的标准缩写（表示 100 或 10^2）。1 百帕（hPa）是 100 帕斯卡的压力，等于 1 毫巴（millibar）。百克（hg）和百升（hl 或 hL）是零售业和工业中常用的单位。

▼ 一座指针式钟表分为 12 小时，在一天内转过两周。

熵

在信息论中，H 被用作随机变量 X 的熵的符号。熵 H（X）描述了变量 X 传递了多少信息，并以比特（bit）为单位来度量，每个比特可以取两个值之一。例如，抛一次硬币的熵为 1 比特，因为它有两个同样可能的结果。

熵的概念是由数学家克劳德·香农（Claude Shannon）于 1948 年在论文《通信的数学理论》（A Mathematical Theory of Communication）中引入的。在这篇论文中，他讨论了传输的信息量如何取决于语境。例如，如果以"Once upon a…"开始一个句子，大多数说英语的读者将能够预测下一个词是"time"，这意味着"time"这个词传递的信息比句子中的第一个单词要少得多，因为它是众所周知的模式的一部分。对于信息熵的研究可以帮助优化数据的传输和存储能力。

亨

亨（用 H 表示）是电感的国际单位，它把电路中电流的变化率与产生的电动势联系起来。该单位以美国科学家约瑟夫·亨利（Joseph Henry）的名字命名，1 亨利等于 1 千克平方米每二次方秒二次方安培 $[(kg·m^2)/(s^2·A^2)]$。

◀ 约瑟夫·亨利（1797—1878）是史密森学会的第一任秘书，他发明了电磁铁。

四元数

在数学中，四元数集用 ℍ 表示。有关四元数的更多信息，请见第 208 页。

普朗克常数

在物理学中，h 是普朗克常数的符号，用于量子力学。它描述了光子的能量与其频率之间的比率，以物理学家马克斯·普朗克（Max Planck）的名字命名。普朗克常数 $h=6.62607015 \times 10^{-34}$ 焦耳/赫兹（J/Hz）。普朗克常数会在不同场合、不同单位中使用时，用 ℏ 表示约化普朗克常数，即 $h/2\pi=1.054571817\cdots \times 10^{-34}$ J·s/rad，其单位为焦耳·秒/弧度（J·s/rad）。

赫维赛德函数

赫维赛德函数 H(x)，也称为单位阶跃函数，定义为当 $x \leq 0$ 时，H(x)=0；当 x>0 时，则 H(x)=1。它看起来像一个阶梯，可用来表示在指定时间从关闭切换到打开的信号。

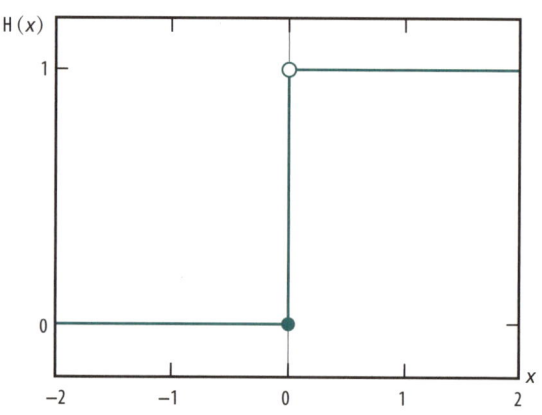

▲ 赫维赛德阶跃函数，实心圆表示 H(0)=0。

◀ 马克斯·普朗克（1858—1947），德国理论物理学家和诺贝尔物理学奖获得者。

焓

在热力学中，系统的焓用 H 表示，等于压强和体积的乘积与内能之和，单位是焦耳。焓可用于描述化学、生物和物理系统，测量化学反应过程中的能量转移。

磁场强度

在物理学中，H 用来表示磁场或矢量场的强度，磁场在空间中的每一点都产生作用于该点带电粒子的磁力。场强 H 的单位是安每米（A/m）。

其他用途

H^0 表示希格斯玻色子，是物理学中的一种基本粒子。在宇宙学中，H_0 用于表示哈勃常数，哈勃常数与宇宙扩张有关，将到某星系的距离与星系分离速度联系起来。

▼ 位于瑞士的欧洲核子研究中心的大型强子对撞机，用于寻找希格斯玻色子存在的证据。

I i

虚数

在数学中，i 用于表示复数单位，即方程 $x^2=-1$ 的解。这一方程没有实数解，因为对于任何正实数或负实数，对其求平方得到的结果都是正数，所以没有实数的平方会是 −1。

通过定义 i 为 $\sqrt{-1}$，我们可以定义虚数；任何负数的平方根都是 i 的倍数，例如 $\sqrt{-4}=2i$，那么 $(2i)^2=4i^2=4\times(-1)=-4$。通过结合实数和虚数，我们可以得到二维复平面（见第 113 页），由形式同 $a+bi$ 的数组成，并且有一个实部和一个虚部。

与 j 和 k 一样，i 是用于定义四元数的三个基本四元数之一。有关四元数的更多内容，请见第 208 页。

惯性矩

物体的惯性矩，有时也称为角质量，表示为 I。惯性矩用于度量使物体以给定速度旋转所需的力，就像质量用于度量使静止物体运动所需的力一样。

惯性矩的单位是千克平方米（$kg·m^2$）。惯性矩大小取决于物体的质量以及其质量相对于旋转轴的分布情况。对于旋转系统，

▼ 角动量守恒定律表明，如果一个旋转的花样滑冰运动员收起手臂，那她旋转得会更快。

其他用途
I 表示罗马数字 1。

▲ 电化学电池或蓄电池提供直流电，可以给小家电供电。

惯性矩也可以定义为一个比值：角动量 L 除以角速度 ω。角动量守恒定律表明，如果惯性矩减小，例如，一个做自转动作的舞者把手臂收起来，那角速度就会增加。

电流

符号 I 也用于表示电流，用于度量电路中带电粒子的流动。以安培（A）为单位，电路中的电流等于电压 V 除以电阻 R。

电气系统使用交流电（AC，电流方向周期变化）或直流电（DC，通常由电池和太阳能电池供电）。

序号

字母 i 通常用作计数的序号。例如，一组 n 个元素可能被标记为 a_1、a_2、……、a_n，该组元素中的一般元素可以被表示为 a_i。在矩阵中，i 通常用作行号，j 用作列号，第 i 行和第 j 列的项表示为 a_{ij} 或 $a_{i,j}$。

单位矩阵

在矩阵中，$n \times n$ 单位矩阵，记为 I_n，是一个方阵，其主对角线上的元素均为 1，其余元素全都为 0。关于矩阵的更多信息，请见第 122 页。

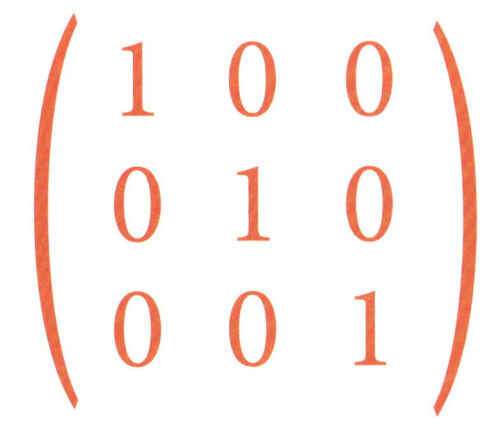

$$\begin{pmatrix} 1 & 0 & 0 \\ 0 & 1 & 0 \\ 0 & 0 & 1 \end{pmatrix}$$

▲ 一个 3×3 的单位矩阵，其主对角线上的数字都是 1，其余数字都是 0。

Jj

冲量

经典力学中冲量以牛顿秒（Ns）为单位，记为 J。冲量是对力（矢量）在一段时间内积分得到的。它表示一个力施加的变化量：在较长时间内施加给定的力与在较短时间内施加较大的力可以产生相同的冲量。

基本四元数

与 i 和 k 一样，j 是用于定义四元数的三个基本四元数之一。有关四元数的更多信息，请见第 208 页。

在工程中，小写 j 有时也用于代替复数中的虚数单位 i，因为 i 在这种情况下多用于表示电流。

电流密度

在物理学中，J 用于表示电流密度，单位为安培每平方米（A/m^2），表示单位时间内流过给定截面面积的电荷量。根据定义，电流密度是矢量，指向电流流动方向。

总角动量

在量子力学中，J 用于表示给定粒子的总角动量，包含其轨道角动量和自旋角动量。

序号

字母 j 通常用作计数的序号，特别是当 i 已经被使用时。在矩阵中，i 通常用作行的序号，j 用作列的序号，第 i 行和第 j 列中的项表示 a_{ij}。

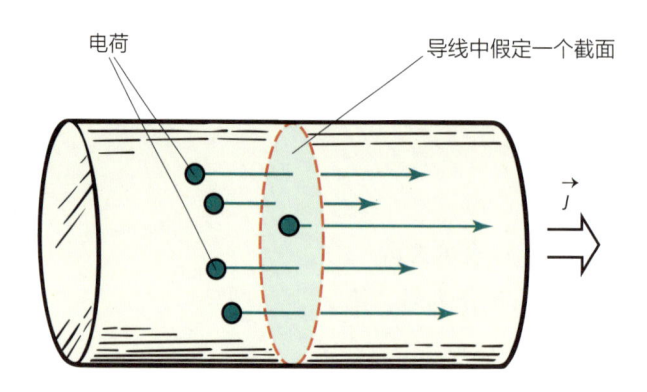

▲ 电流密度表示单位时间内流过给定横截面积的电荷量。

焦耳

焦耳是能量单位,以物理学家詹姆斯·普雷斯科特·焦耳的名字命名。1 焦耳等于 1 千克平方米每二次方秒（kg·m²/s²）。焦耳也可以被理解为:

- 当 1 牛顿的力使一个物体移动 1 米的距离时,给予该物体的能量。
- 当 1 安培的电流通过电阻为 1 欧姆的物质 1 秒时,以热形式损失的能量。
- 1 瓦功率持续 1 秒所需的功。

焦耳还可用于测量食物中存在的能量。1 焦耳大约是半粒糖晶所含的能量。

▶ 詹姆斯·普雷斯科特·焦耳（1818—1889）,英国物理学家、数学家和酿酒师。

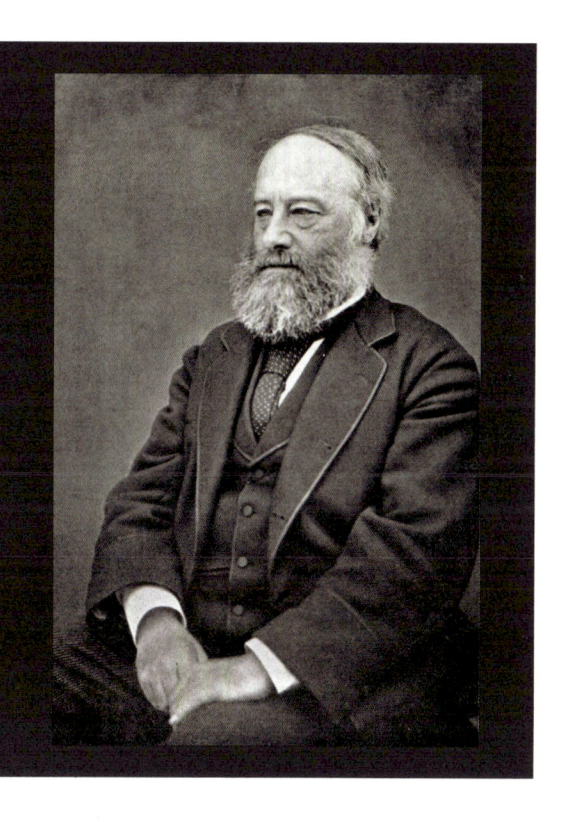

▲ 每粒糖晶含有大约 2 焦耳的能量。

K k

▲ 威廉·汤姆森（第一代开尔文勋爵，1824—1907），致力于热力学和电学研究。

开尔文

K 是开尔文温标中的温度单位，273.15K 是海平面纯水的冰点，373.15K 是海平面纯水的沸点。0K 称为绝对零度，它是理论上使原子具有最小振动量的最冷温度。

开尔文得名于工程师、物理学家威廉·汤姆森（也称为开尔文勋爵），它还用于测定光源的色温和描述电路中的噪声水平。

千－

小写字母 k 是 SI 词头"千－"的标准缩写（表示 1000 或 10^3）。1 千米（km）等于 1000 米。

劲度系数

在物理学中，胡克定律指出压缩或拉伸弹簧所需的力的大小与其被拉伸或压缩的长度成正比，该比率使用弹簧的劲度系数 k 表示。胡克定律表示为 $F=kx$，前提是 x 在弹簧的弹性限度内。

平衡常数

在化学中，化学反应的平衡常数用 $K^\ominus$ 表示，指当正反应和逆反应发生速率相同，

34 | 科学符号

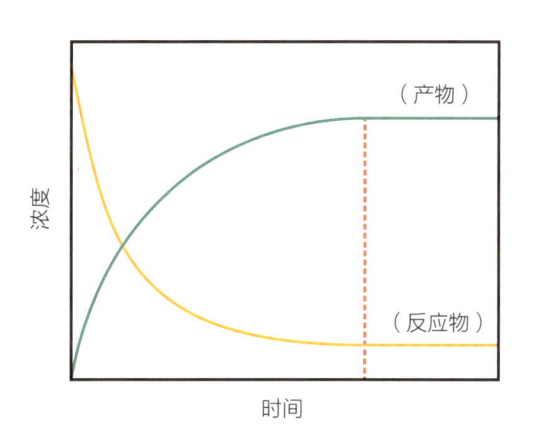

▲ 当反应物和产物的量变得稳定时，反应达到平衡。

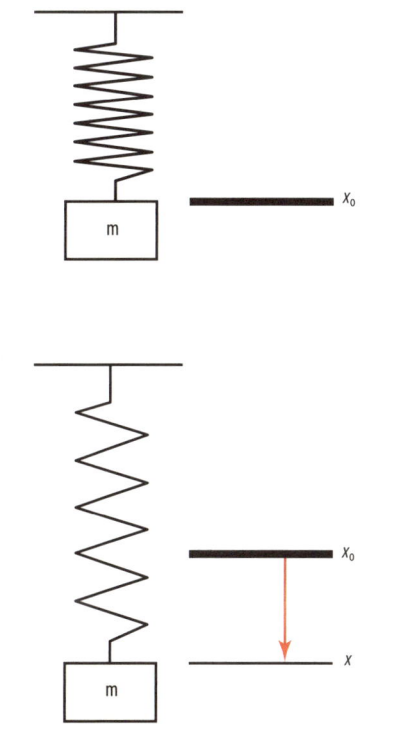

> **其他用途**
> K 是恒星分类中的一种光谱类型。在数学中，K 用于表示未知的整数，特别是当 n 已经被使用时。它还表示 K 介子，是介子的一种。

即反应处于平衡状态时，反应物和产物量之间的比例。

玻尔兹曼常数

玻尔兹曼常数 k 表示气体中粒子的平均能量与气体温度之间的关系。该常数等于 1.3806×10^{-23} 焦／开（J/K），是以奥地利科学家路德维希·玻尔兹曼的名字命名的，不过常数本身的值以及相关方程是由马克斯·普朗克提出的（见第 28 页）。

基本四元数

与 i 和 j 一样，k 是用于定义四元数的三个基本四元数之一。有关四元数的更多内容，请见第 208 页。

◀ 附在弹簧末端的一重物 m 将弹簧长度从 x_0 拉伸到 x，遵循胡克定律。

L l

长度

L 用于表示长度，用于度量距离。长度的 SI 单位是米（m），见第 144 页。

升

升（L）于 1795 年在法国引入，是体积的 SI 单位（见第 144 页），最常用于测量液体的体积。一升所占空间相当于一个 10 厘米 ×10 厘米 ×10 厘米的立方体，大小与美制夸脱相近。在不同的国家，大写的 L、小写的 l 和手写体 ℓ 都可以用来表示升。

卢卡斯数

在数学中，L_n 表示第 n 个卢卡斯数，定义如下：

$$L_1=2, L_2=1; 则, L_n=L_{n-1}+L_{n-2}$$

即每个数是前两个数之和，数列中的前两个数被规定为 2 和 1，则序列为 2、1、3、4、7、11、16、27、……

这些数与斐波纳契数密切相关（见第 23 页）。自然界中葵花籽头的螺旋数就是卢卡斯数的一种体现。

语言

在形式语言的研究中，一种语言用 L 表示。语言由给定字母表中的字母组成的单词组成。例如，基于字母表 {a, b} 的语言 L 包含无限数量的单词，如 {a, b, aa, ab, bb, aab, abb, aba, bab, …}。

拉格朗日量

拉格朗日函数（$\mathcal{L}$）在数学和物理学中用于优化函数：在给定约束条件下找到系统内的最大值和最小值，以解决优化问题。

该函数可用于研究物理系统中的能量、光线通过折射透镜的路径以及亚原子粒子之间的碰撞。

其他用途
L 在罗马数字中代表 50。

L 在科学中的用途

角动量
物体旋转的量度,由物体绕特定轴的惯性矩(小写字母 I)与其角速度(ω)的乘积给出;单位为千克平方米每秒($kg \cdot m^2/s$)。请参见下图。

电感
导体抵抗流过它的电流变化的程度,在此过程中产生磁场;单位是亨(H)。见第27页。

亮度
用于衡量物体每单位面积在给定角度内发出的光的强度;单位是坎德拉每平方米(cd/m^2)。

潜热
在物体温度不变的情况下,将物质从固态转化为液态,或从液态转化为气态所需的能量;单位是千焦耳每千克(kJ/kg)。

配体
在生物相互作用过程中与蛋白质结合的分子或原子。

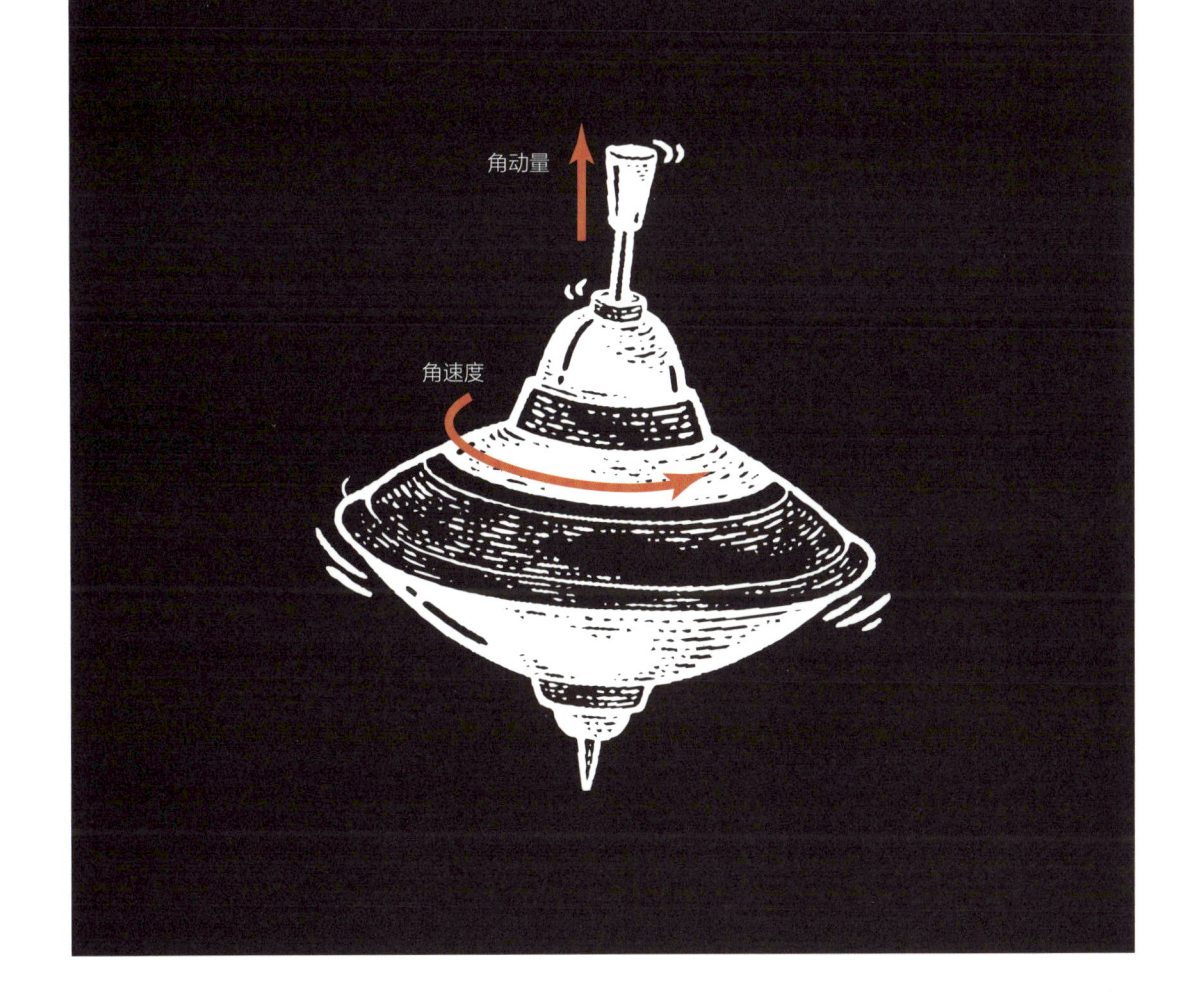

M m

米

长度的 SI 单位是米（m）。1 米长约 39.37 英寸，定义为真空中光在 1/299 792 458 秒内传播的距离。

在过去，米需要通过地球的大小、氪−86 原子的衰变以及法国国际度量衡局生产的特定金属片的长度来定义。

质量

质量（m）是物体的属性，用于衡量物体在受力时对加速度的抵抗能力，以及它对其他物体的引力强度。质量的 SI 单位是千克（kg）。

在日常语言中，"重量"（weight）"质量"常用来描述同一个概念，但严格来说，一个物体的重量取决于它所处引力场的强弱。因此，虽然两个物体可能具有相同的质量，但它们在地球和在月球上的重量会不同。

兆−和毫−

大写的 M 用作 SI 词头"百万−"（表示 100 万或 10^6）的标准缩写，小写的 m 表示"毫−"，表示千分之一或 10^{-3}。1 兆焦耳（MJ）是 1 000 000 焦耳，1 毫米（mm）等于 0.001 米。

摩尔浓度

M 用于表示摩尔浓度，它是溶液浓度的 SI 单位。不要与摩尔混淆，摩尔用于表示物质的量，1 摩尔相当于 6.022×10^{23} 个原子或分子。摩尔浓度为 1 的溶液含有 1 摩尔的溶质，即每立方米的溶液中溶质的总量是 1 摩尔（mol/m^3）。

其他用途
M 在罗马数字中表示 1000。
1000

矩阵

在数学中,矩阵是一组排列在正方形或矩形网格中的值,用方括号括起来,通常用 *M* 表示(通常以粗体排版)。矩阵可用于存储值,或表示几何变换或方程组。有关矩阵的更多信息,请见第 122 页。

流形

在拓扑学中,*M* 表示流形。流形是一种曲面,其性质是其中任何足够小的区域都类似于平坦的 *n* 维空间(取决于流形的维度)。

例如,地球表面大致是一个球面,但我们可以生成一组二维纸质地图,每个图都用来描述地球表面的一片小区域。我们说流形是"局部"平坦的,但流形的整体性质可能会有所不同。

圆、直线、球面和环面(甜甜圈)都是流形的例子。然而,像"8字"形这样的形状,其中间交叉处周围的区域不是一维线,所以不是流形。

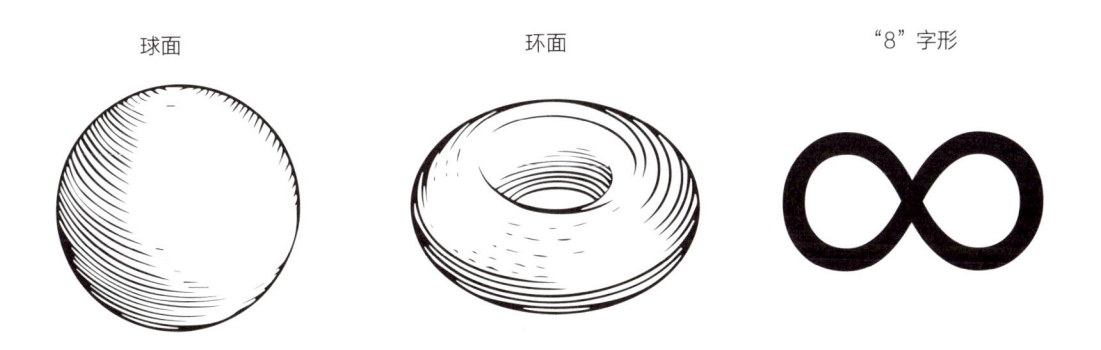

球面　　　　环面　　　　"8"字形

▲ 三维流形的例子。"8"字形不是流形。

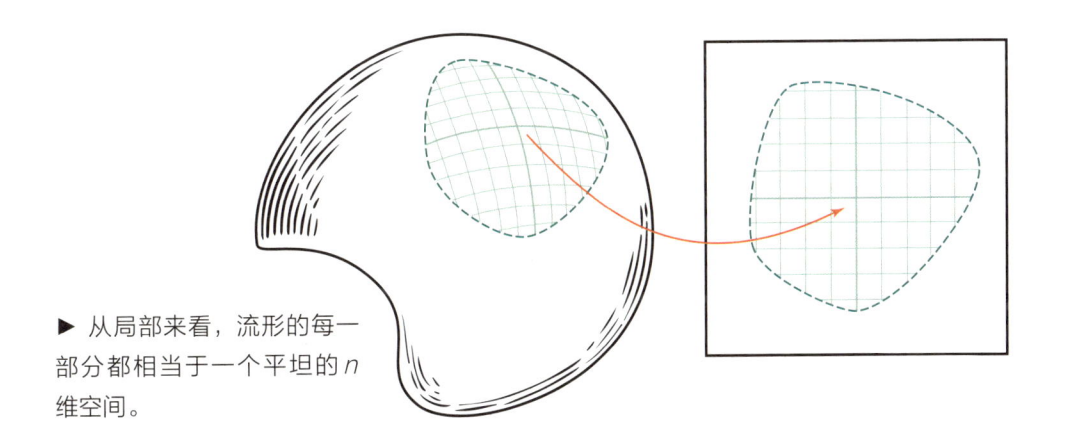

▶ 从局部来看,流形的每一部分都相当于一个平坦的 *n* 维空间。

N n

牛顿

在物理学中，牛顿（N）是力的 SI 单位，定义为使 1 千克质量的物体获得 1 米每平方秒的加速度所需的力（$1N=1kg·m/s^2$）。

地球的平均引力系数为 $g=9.80665m/s^2$，因此，质量为 1 千克的物体的重量约为 9.8 牛顿，其重量会产生同样大小的力。牛顿（通常也用千牛顿）在工程中也用于描述力，例如工作载荷、夹紧力和火箭发动机推力。

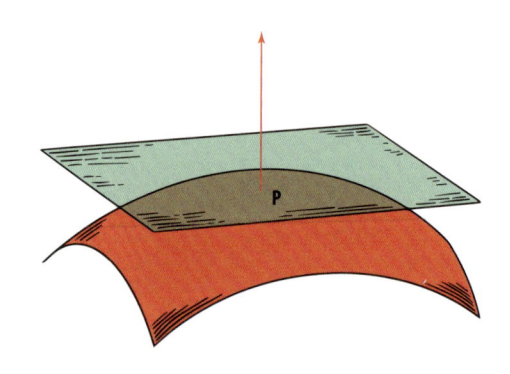

▲ P 点处的法向量垂直于经过该点的切面。

法向量

在几何学中，在点 P 处表面以直角向外延伸的向量称为法向量，表示为 *n*。对于平面而言，法向量垂直于平面；而对于曲面而言，法向量垂直于点 P 处的切面。有关向量的更多内容，请见第 126 页。

未知数

大写的 *N* 和小写的 *n* 在数学和科学中用于表示未知的整数。

阿伏伽德罗常数

表示为 N_A，是 1 摩尔物质中的原子（或分子或离子）数，$N_A=6.022\ 140\ 76 \times 10^{23}$。有关摩尔的更多内容，请见第 145 页。

纳 –

小写 n 是 SI 词头"纳 –"的标准缩写，

40 | 科学符号

O o

电子　　质子　　中子

原子核

◀ 中子和质子存在于原子核中。

光穿过该物质的速度（相比于真空中的光速），等于真空中的光速除以该物质中的光速。金刚石的折射率为 $n=2.417$，空气的折射率为 $n=1.000\,293$。

原点

字母 O 在数学中用于表示原点，原点是一组数轴的中心点。

大 O 符号

"大 O 符号"是一种表示法的名称，它用于指示一个大数值的大致大小，这个大小是相对于它所依赖的量而言的。有关大 O 符号的更多信息，请见第 83 页。

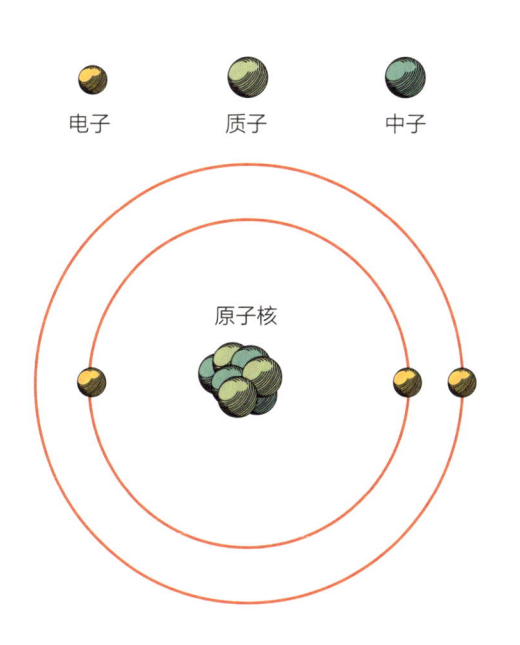

表示十亿分之一或 10^{-9}。1 纳米（nm）是 $0.000\,000\,001$ 米，约为 3 个镁原子的宽度。

自然数

在数学中，自然数集用 N 表示。有关数字类型的更多内容，请见第 112 页。

中子

中子，表示为 n，是原子核中的一种粒子，带有中性电荷，质量略大于质子。

折射率

物质的折射率 n 在光学中用于定义

其他用途

O 在人类生物学中用于表示四种主要血型之一。

P p

周长和点

字母 p 用于表示二维图形的周长，即围绕其外部一周的长度。宽度为 w、高度为 h 的矩形的周长为 $2w+2h$。

小写 p 也常用来表示一个点：宽度、高度和长度均为零的单个位置。点用于定义几何对象，例如，以某个点为中心的圆，或者连接某两点的线段。此外，几何空间被认为是由无穷多个点组成的。

素数

一个大于 1 的整数，如果除了 1 和它自身外，不能被其他整数整除，那么这个数就叫作素数，也叫质数，通常用小写 p 表示。素数是数论中的重要概念，所有整数都可以表示为素数的乘积。

概率

P 用于表示事件发生的概率。例如，当投掷标准六面骰子时，掷出数字 1 的概率是 1/6：P（掷出 1）=1/6。所有概率都在 0 到 1 之间，可以表示为分数、百分比或小数（1/2=50%=0.5）。

在处理条件概率时，符号 P（A|B）用于表示"给定 B 时 A 的概率"。例如，P（掷出 1| 掷出的数为奇数）=1/3，但 P（掷出 1| 掷出的数为偶数）=0。

压强

在物理学中，压强（用 P 或 p 表示）是指物体单位面积受到的垂直压力。它可以用多种不同的单位进行表示，包括帕斯卡（Pa），相当于牛每平方米（N/m^2）。在其他单位中，如何表示压强取决于具体情况。大气科学家用标准大气压（atm）表示压力，其中，1atm=101.325 kPa。

拍 - 和皮 -

P 也是 SI 词头"拍 -"的标准缩写，表示 1000 万亿或 10^{15}。小写 p 表示"皮 -"，表示一万亿分之一，或 10^{-12}。1 Pb 为 1 000 000 000 000 000 字节，1 皮秒（ps）为 0.000 000 000 001 秒。

质子

质子是在原子核中的亚原子粒子，表示为 p 或 p$^+$。质子带正电荷，质量约为一个原子质量单位。有关原子结构的更多内容，请见第 146 页。

$P = 2w + 2h = 2(w+h)$

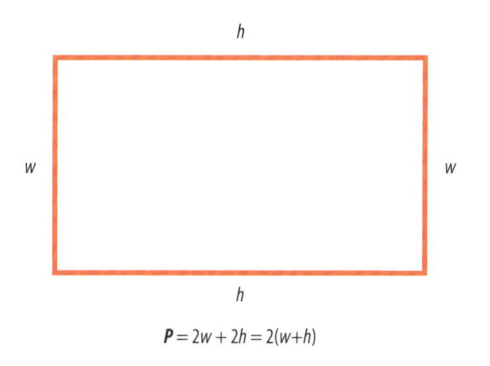

▲ 图形的周长是围绕其外部一周的长度。

生物或化学反应产物

在书写化学反应时，P 用于表示反应产物，或通过化学反应产生的物质。反应物 R 转化为产物，可以写为 R → P；如果使用催化剂（catalyst）来加速反应，则为 R $\xrightarrow{C}$ P。有关如何写化学反应的更多内容，请见第 136 页。

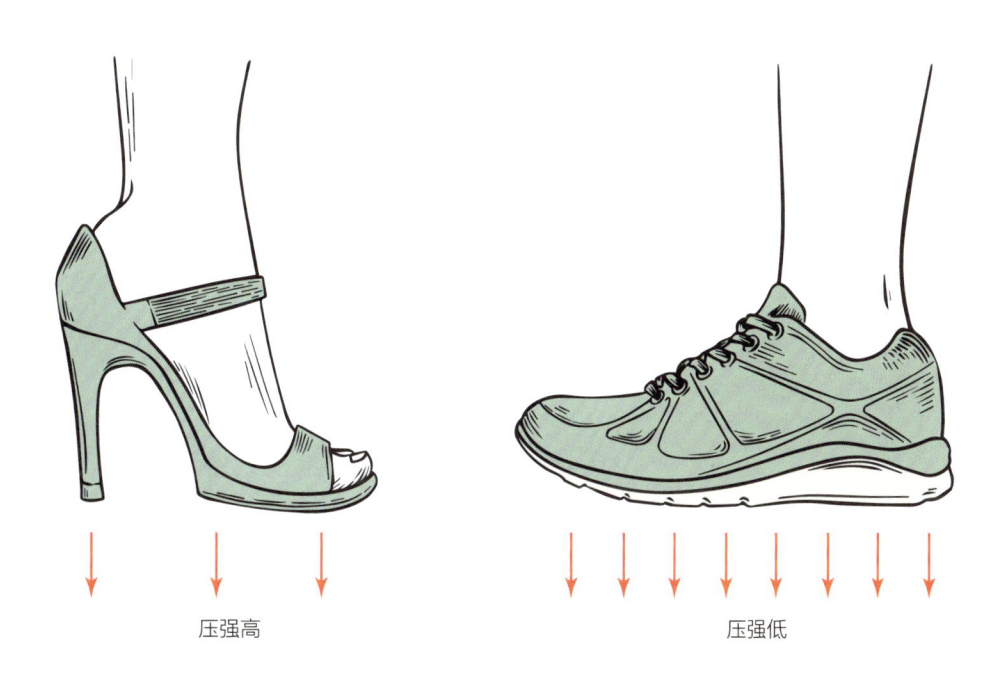

压强高　　　　　　　　压强低

▲ 力作用于单位面积产生压强——施加相同的力，受力面积越大，压强就越小。

Q q

电荷

电荷用 q 表示。电荷使带电荷物质在电磁场中受力。电荷可以为正，也可以为负，不带电荷的物体是中性的。电荷的单位是库仑（C）。

热能

符号 Q 用来表示以热量的形式传递的总能量，单位是焦耳（J）。当系统向周围环境释放热量时，则 Q 为负；当系统从周围环境吸收热量时，Q 为正。

体积流量

在流体动力学中，体积流量代表单位时间内流体流经管道任一截面的体积。用 Q 表示，单位是立方米每秒（m^3/s）。

夸克

夸克（q）是一种基本粒子。夸克结合形成质子和中子等粒子。夸克有六种类型（称为"味"）：上、下、粲、奇、顶和底。每种夸克都有不同的质量和稳定性。质子由两个上夸克和一个下夸克组成。

有理数

在数学中，所有有理数（可以表示为分数的数）的集合用 Q 表示。有关数字类型的更多内容，请见第 112 页。

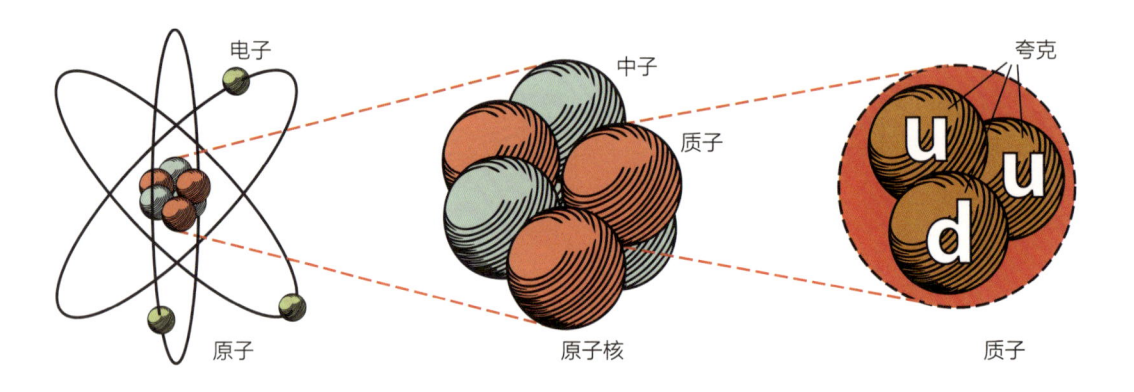

▲ 原子核内的质子和中子都是由夸克构成的。

R r

半径

字母 r 用于表示圆的半径,即圆心到边缘上任意一点的距离。其中心点和半径规定了圆的全部性质。

在极坐标中,二维空间中一个点的位置由该点和原点连线与极轴 L 所成的角度以及该点到原点的距离决定。字母 r 用于表示该点与原点的距离,称为径向距离。

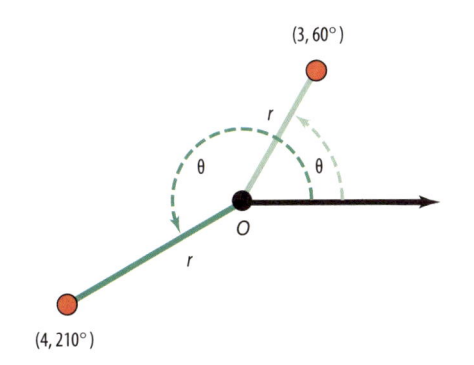

▲ 点的位置可以用角 θ 和半径 r 来决定。

实数

在数学中,所有实数的集合用 R 表示。有关数字类型的更多内容,请见第 112 页。

气体常数

气体常数 R 是一个物理常数,与能量、温度和物质的量有关。R 定义为阿伏伽德罗常数 N_A 乘以玻尔兹曼常数 k,值为 8.314 462 618 153 24 焦每开摩[J/(K·mol)]。

电阻

物体的电阻 R 用于标征物体对电流的阻力。电阻的定义是物体两端的电压 V 与通过物体的电流 I 之比,单位是欧姆（Ω）。

等价关系

大写 R 通常用来表示数学中的等价关系。有关等价关系的更多内容,请见第 104 页。

S s

秒

在国际单位制中，时间的单位是秒，记为 s。秒在整个科学体系中被广泛使用，将时间、速度和速率的测量标准化。在过去，它被定义为一天的 1/86400，这一定义是根据地球自转得出的。1967 年，官方对秒的定义变得更加精确，即一个铯－133 原子发出 9 192 631 770 次辐射波所花费的时间。

球面

S^n 是 n 维球面的标准符号，即 n 维空间中到中心点为某一距离的所有点的集合。球面内部称为球体，"单位球面"是半径为 1 的球面。

一维球面由实线上的两点组成，两点到原点 O 的距离相等；二维球面是圆；半径为 r 的三维球面的表面积为 $4\pi r^2$，体积为 $4\pi r^3/3$。

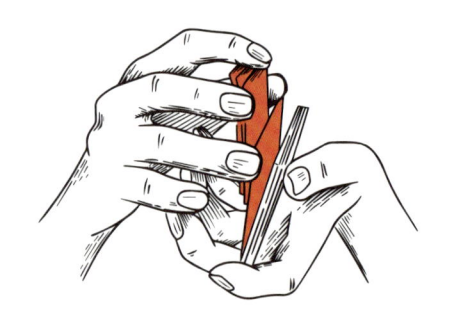

▲ 一副 52 张扑克牌有 8.06×10^{67} 种不同的排列。

熵

在热力学中，S 用于表示系统的熵，是无序或随机性的量度。类似于信息论中的熵概念（参见 H，第 27 页），热力学的熵基于系统在大尺度上的可见属性，描述了系统在亚原子水平上可能处于的状态。热力学熵的单位是焦每开（J/K）或千克平方米每二次方秒开 [$kg \cdot m^2/(s^2 \cdot K)$]。

西门子

西门子，表示为 S，有时也表示为 ℧，是电导的 SI 单位，以电气工程师恩斯特·维尔纳·冯·西门子（Ernst Werner von Siemens）的名字命名。电导是电阻的倒数（见 Ω，第 65 页）。1 西门子等于 1 欧姆的倒数（Ω^{-1}），或三次方秒二次方安每千克平方米 [$s^3 \cdot A^2/(kg \cdot m^2)$]。由于它是欧姆的倒数，有时也称其为姆欧（mho）。

对称群

在数学中，S_n 表示 n 阶对称群，或 n 个对象的排列群，其中包含排列 n 个对象的所有方法。例如，

$S_3 = \{e, (12), (13), (23), (123), (132)\}$

字母 e 用于表示 1、2、3 这三个数字

排列的单位元（不移动任何对象，也就是 123），其他排列以循环表示法给出：(12) 是将 1 和 2 互换、3 不动的排列，而 (123) 是循环将 1 移动到 2，将 2 移动到 3，将 3 移动到 1。

S_n 中的元素个数为 $n!$（n 的阶乘，见第 91 页）。它具有群的结构，意味着可以通过相继应用各种排列来组合元素以给出群内的其他元素；然后观察由此产生的排列。

如果只考虑 S_n 中的偶数元素——那些可以由对象对之间的偶数次交换组成的元素——这将形成一个称为交错群的子群，表示为 A_n。

其他用途
小写 s 用来表示奇夸克，是一种亚原子粒子。

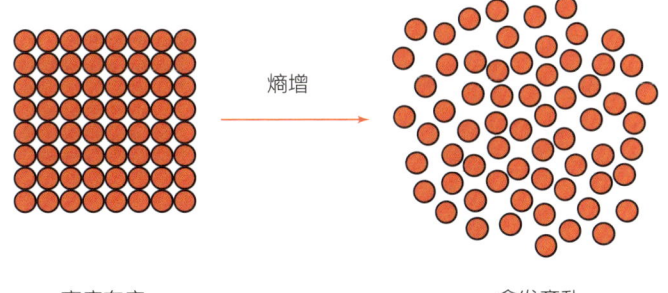

高度有序 → 熵增 → 愈发紊乱

低熵　　　高熵

◀ 当系统变得更加无序并具有更多的可能状态时，系统的熵就会增加。

Ss | 47

T t

▼ 尼古拉·特斯拉（1856—1943）是一位塞尔维亚裔美国工程师和发明家，他发明了现代交流电系统。

温度

符号 T 用于表示温度，是热能的量度。常用的温标有几种，但在国际单位制中，温度的单位是开尔文（见第 145 页）。

时间

时间也使用符号 t 表示，单位是秒。它可用于测量事件的持续时间，也用于定义化学反应或物体运动等事件的速率或频率。

太-

T 是 SI 词头"太-"的标准缩写（表示 1 万亿或 10^{12}）。1 太字节（Tb）等于 1 000 000 000 000 字节。

特斯拉

特斯拉，表示为 T，是磁场强度和磁通密度的单位。该单位以工程师尼古拉·特斯拉（Nikola Tesla）的名字命名。1 特斯拉等于 1 千克每安二次方秒 [$kg/(s^2·A)$]。

统计检验

在统计学中，t 检验是一种假设检验，用于确定两个数据集之间的差异是否具有统计学意义。当涉及的数据集比较小并且预计遵循正态分布时，通常使用 t 检验（见第 115 页）。

其他用途
T 用于表示一种亚原子粒子——顶夸克。还用于表示恒星分类中的一种光谱类型。

U u

势能

符号 U（有时也用 V 或 PE）用于表示势能；即物体由于其相对位置、电荷或内应力等因素而保持的能量。势能可以被认为是物体储存的能量：如果将保持物体在特定位置或配置的力移除，物体将释放势能。

一些例子：
- 在高架子上的物体具有重力势能。
- 拉伸的弓箭、弹簧或橡皮筋具有弹性势能。
- 带电物体可能具有电势能。

势能以焦耳（J）为单位，根据类型可以用不同方式计算。例如，重力势能是通过物体的重量乘以重力加速度再乘以物体相对于某一表面的高度来计算的。

其他用途

小写 u 用于表示一种亚原子粒子——上夸克。在力学系统中，u 也用于表示加速物体的初始速度，最终速度表示为 v。

▶ 汽车在坡顶，具有重力势能。

势能增加 势能释放

V v

体积

字母 V 用于表示三维图形的体积，单位是立方米（m^3）。下图中列举了各种常见几何图形的体积计算公式。

速度

在力学中，v 用来表示物体的运动速度。速度可用于衡量物体运动的速度和方向。v 是向量，向量的大小表示速率，以米每秒（m/s）为单位。由于速度是向量，它也可以写成 v（粗体），或者在上面加一个箭头（$\vec{v}$），以表示速度也包括方向。有关向量的更多内容，请见第 126 页。

顶点集

图 G 中的顶点集表示为 V。有关图的更多内容，见第 202 页。

电压和伏特

V（有时表示为 ΔV，在某些情况下也

▼ 三维物体的体积与其宽度、长度和高度有关。

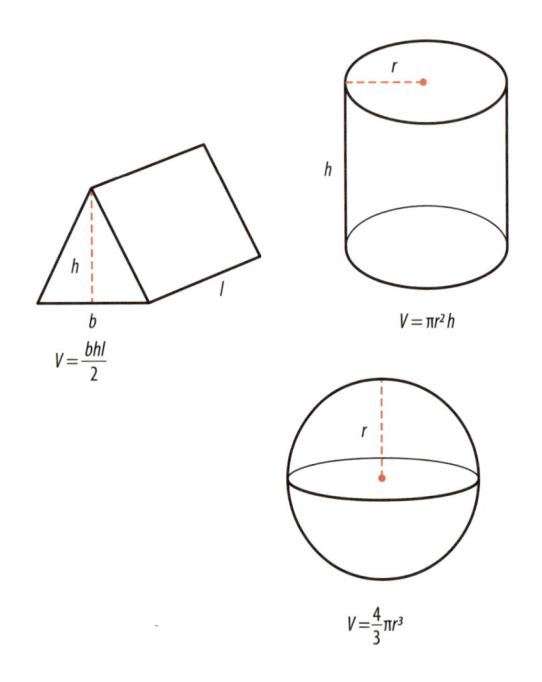

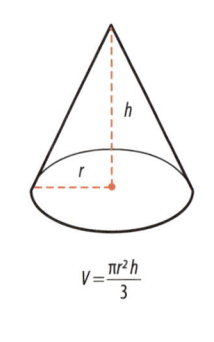

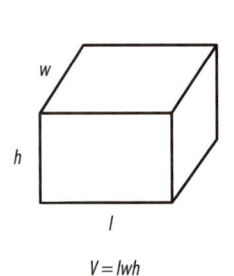

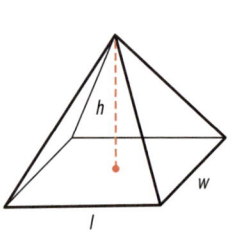

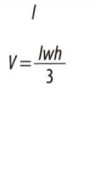

$V = \dfrac{bhl}{2}$

$V = \pi r^2 h$

$V = \dfrac{\pi r^2 h}{3}$

$V = \dfrac{4}{3}\pi r^3$

$V = lwh$

$V = \dfrac{lwh}{3}$

50 | 科学符号

▲ 速度既包括速率也包括方向——船与迎面而来的风有不同的速度。

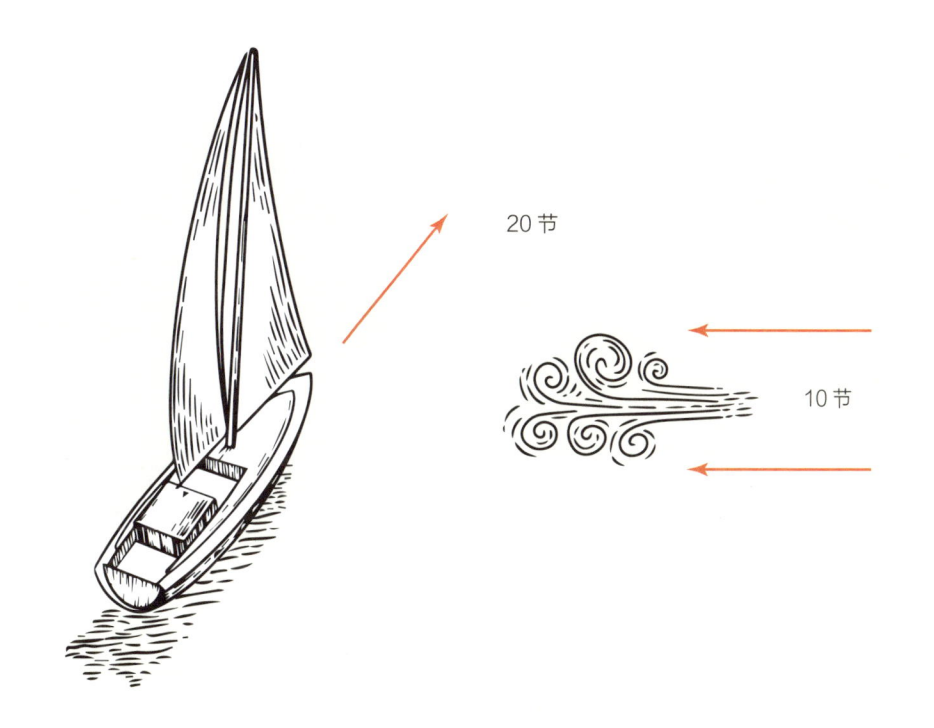

表示为 U）用于表示电压，用于度量两点之间的电势差，或者是在两点之间移动一个单位电荷所需的功。

电压的单位是伏特，伏特也表示为 V。该单位以物理学家亚历山德罗·伏特（Alessandro Volta）的名字命名。1 伏特等于 1 千克平方米每三次方秒安 [$kg·m^2/(s^3·A)$]。

向量空间

在数学中，给定大小的向量空间可以被认为是一种代数结构。向量可以通过向量加法和数量乘法来组合，得到的集合称为向量空间，表示为 V。向量空间在数学、科学和工程学中广泛用于表示坐标系、方程组和单位空间。有关向量的更多信息，见第 126 页。

其他用途

V 在罗马数字中表示 5。在力学系统中，v 也用于表示加速物体的最终速度，其初始速度记为 u。

Ww–Yy

W

宽度

物体宽度，在国际单位中用米衡量，用 w 表示。宽度描述图形的第二个水平维度，较长的那个维度一般被称为长度。

瓦特

瓦特，缩写为 W，是功率的 SI 单位。该单位以物理学家詹姆斯·瓦特（James Watt）的名字命名。1 瓦等于 1 千克平方米每三次方秒（$kg·m^2/s^3$），或 1 焦每秒。瓦特数用于衡量能量传输的速率。

功

在物理学中，功用 w 表示，被定义为当施加力时传递给物体或从物体传递出的能量。功的单位是焦，或千克平方米每二次方秒（$kg·m^2/s^2$）。其计算方法是所施加力的大小乘以物体的位移。例如，将 1 千克重物（承受 9.8N 的重力）向上提升 2 米的距离将消耗 9.8×2=19.6（焦耳）的能量。

> **其他用途**
> W 可表示亚原子粒子——玻色子中的一种。在四维空间中工作时，它表示第四个坐标（在 x、y 和 z 之后）。

X

未知数

小写字母 x 在数学中广泛用于表示所

▶ 拉动小车需要做功来克服小车所受的重力以及车轮与地面的摩擦力。

需的未知数。在代数中，x 通常用作变量。代数是一门涉及方程和表达式操作的学科，起源于9世纪的波斯。多项式（见第99页）通常也多用 x 表示。

Y
尧 - 和幺 -

大写 Y 是 SI 词头"尧 -"的标准缩写，表示一亿亿亿或 10^{24}。而小写 y 用于表示"幺 -"，表示一亿亿亿之一或 10^{-24}。它们分别是最大和最小的 SI 词头。1 尧克（Yg）是 1 000 000 000 000 000 000 000 000 克，1 幺米（ym）是 0.000 000 000 000 000 000 000 001 米。

其他用途
Y 表示生物学中的一种染色体，也可表示纵轴上的坐标，有时称为纵坐标。

▲ X、Y 染色体位于动植物细胞核内，染色体中含有 DNA。

Z z

原子序数

在化学中，Z 用于表示化学元素的原子序数，给出了该元素原子核中存在的质子数。例如，氢的原子序数为 1，其原子核中包含一个质子。元素在元素周期表上按它们的原子序数进行排列。

泽－和仄－

大写的 Z 是 SI 单位词头"泽－"的标准缩写，表示一千亿亿或 10^{21}。小写的 z 是词头"仄－"的缩写，表示一千亿亿分之一或 10^{-21}。1 泽米（Zm）是 1 000 000 000 000 000 000 000 米（约等于银河系的直径），1 仄克（zg）是 0.000 000 000 000 000 000 001 克（约等于胰岛素分子质量的 1/10）。

阻抗

在电子学中，电阻抗将电阻的概念扩展到交流电路。阻抗表示电路中对交流电的阻碍，是电阻和电抗的组合，记为 Z。阻抗的单位是西门子（S），包括幅度（大小）和相位（以角度 θ 表示）。

整数

在数学中，整数集（整数）用 Z 表示。有关数字类型的更多内容见第 112 页。

复变量

在数学中，z 也常用来表示复数变量，由实部和虚部组成，表示为：$z=a+ib$。有关复数的更多内容见第 112 页。

> **其他用途**
> 还用于表示亚原子粒子——玻色子的一种。Z 还用于表示三维图上的垂直坐标，有时称为高度。

▶ 银河系的直径约为 1 泽米。

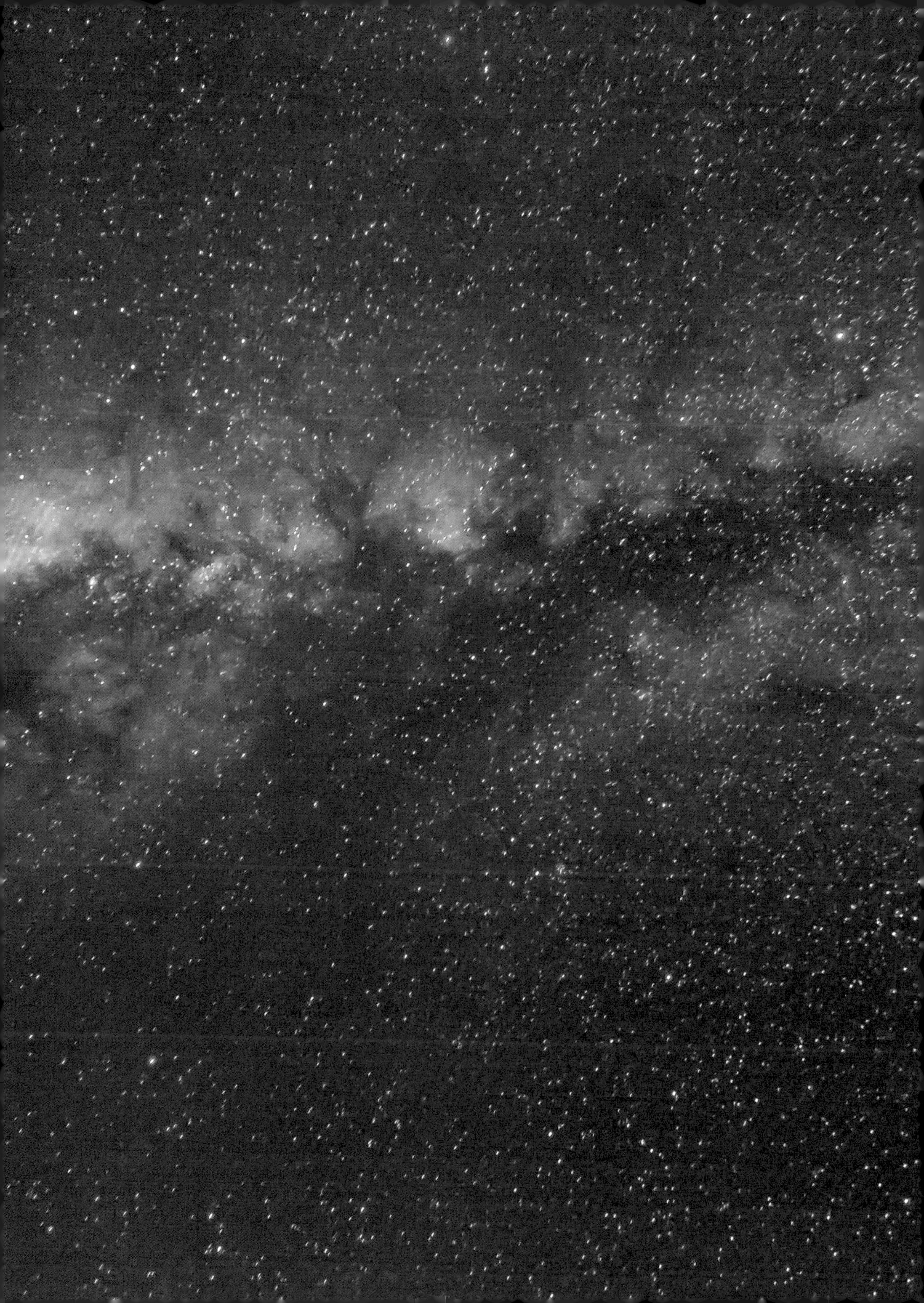

Αα-Γγ

希腊字母表也是数学和科学符号的常见来源。

Αα（音：阿尔法）、**Ββ**（音：贝塔）和 **Γγ**（音：伽马）

α、β 和 γ 用于表示边为 A、B 和 C 的三角形内角。

α 用于表示角加速度，即角速度的变化率，单位为弧度每平方秒（rad/s^2）。

还可以表示在 α 和 β 放射性衰变中产生的放射性的 α 粒子和 β 粒子。α 粒子由两个质子和两个中子组成，β 粒子是单个电子或正电子。γ 射线是 γ 衰变过程中产生的电磁波，γ 衰变产生的辐射比 α 和 β 辐射更具穿透力。

在数学中，Γ 函数将阶乘（见第 91 页）推广至非整数值，包括复数。对于正整数 x，Γ(x) = (x-1)!。其他情况下，Γ 函数是通过复数积分定义的。Γ 函数在负整数上没有意义。

欧拉常数用 γ 表示，该值描述了函数 ln(x)（自然对数）与调和级数（1/k 之和，k 值的最大值为 x）之间的差值。有关自然对数的更多内容，请见第 99 页。通过将这两个函数绘制在一张图上可以得出，γ 的值为 0.5772⋯。

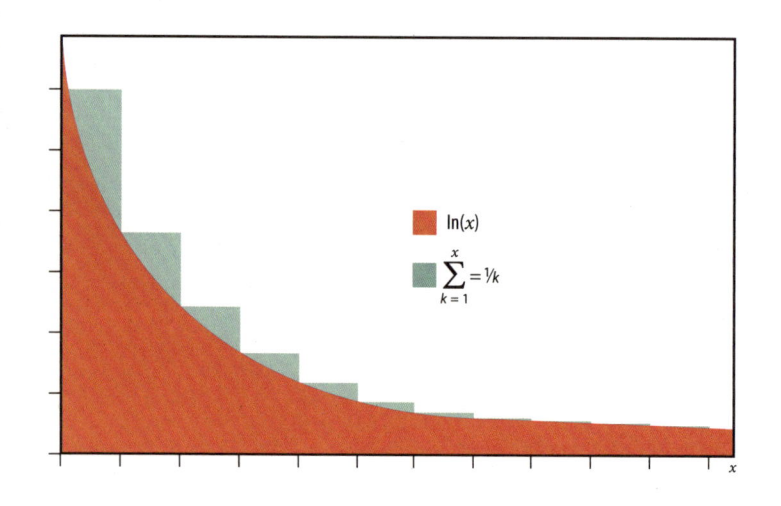

◀ 欧拉常数 γ 的值是蓝色区域的面积，即两个函数之间的差值（此图无限延伸）。

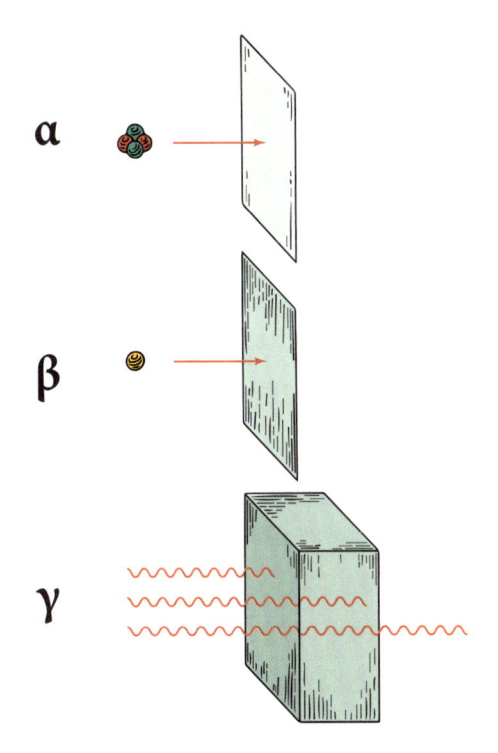

▲ α 和 β 粒子不能穿透某些物质，但 γ 射线可以。

Δ δ（音：德尔塔）

大写字母 Δ 在数学中用于表示值的变化。Δx 是"x 值的变化"的简写。

Δ 也表示拉普拉斯算子，可以应用于函数以研究它在某点 p 周围的区域中的行为。这一符号广泛应用于物理学，经常出现在描述物理系统的微分方程中。函数 f 在点 p 的 $\Delta f(p)$ 值由 f 在每个坐标中的偏导数之和得出。有关微积分的更多内容，请见第 118 页。

数学中有几个函数叫做 δ 函数：一个是克罗内克函数 δ_{ij}。这一函数有两个变量 i 和 j，当 $i=j$ 时取 1，当 $i \neq j$ 时取 0。所以，$\delta_{23}=0$，但 $\delta_{44}=1$。另一个是狄拉克 δ 函数，用于物理学、概率论和信号处理。该函数在任何地方都取值为 0，除了在 0 点是 $+\infty$。

在化学中，小写 δ 表示部分电荷：δ- 表示部分负电荷，δ+ 表示部分正电荷。

Eε-Zζ

E ε（音：艾普西隆）

ε 符号在数学，特别是在函数的数学分析中表示一个正的小量或无穷小的数。如果需要说明某量无论多么接近某一特定值都可行，或者测量某种微小变化，均可用 ε 表示。

在物理学中，ε 表示：
- 介电常数——用于度量绝缘体的极化能力。
- 电动势——单位是伏特，测量由电池或发电机等电源可产生的电作用量。

在化学中，ε 表示：
- 化学物质或分子的消光系数，用于测量物质能吸收多少光。
- 化学反应的弹性系数，反映了反应速率受温度、酸度/碱度（pH）和反应物/产物浓度等因素影响的程度。

Z ζ（音：泽塔）

ζ 在数学中最著名的应用是黎曼 ζ 函数。公式为：

$$\zeta(s) = \sum_{n=1}^{\infty} \frac{1}{n^s} = \frac{1}{1^s} + \frac{1}{2^s} + \frac{1}{3^s} + \cdots$$

函数的自变量 s 是一个复数（请见第 112 页）。虽然该函数被定义为无限总和，但对于某些值，其总和是有限的；例如，$\zeta(2) = \frac{\pi^2}{6}$。如果 s 是实整数，则 $\zeta(s)$ 的值可以使用伯努利数计算（参见 B，第 13 页）。

该函数仅定义在实数部 Re（s）>1 的复数上，但可以通过一种称为解析开拓的过程在其他地方求值。通过该过程，可以将在定义域之外的值分配给函数。

黎曼 ζ 函数与许多数学问题都有关，在数学中很重要，应用于统计学。它也是黎曼猜想的主题，该猜想由波恩哈德·黎曼（Bernhard Riemann）在 1859 年提出。该猜想指出，当 ζ（s）=0 时，s 的值遵循特定的模式，与质数的分布有关。到目前为止，还没有办法证明该猜想。黎曼猜想是克雷研究所公布的千禧年大奖难题，解决千禧年大奖难题中的任何一个问题都可以获得 100 万美元的奖金。

Θθ–Kκ

Θ θ（音：西塔）

在几何学中，角通常使用希腊字母 θ 表示。

在极坐标中，二维空间中的点由该点到原点的距离 r 以及这两点连线与极轴 L 所成的角度 θ 确定。

K κ（音：卡帕）

κ 用于表示爱因斯坦的引力常数，公式为：

$$\kappa = \frac{8\pi G}{c} \approx 1.866 \times 10^{-26} \text{ mkg}^{-1}$$

这里，G 是引力常数（见 G，第 24 页），c 是真空中的光速（见 C，第 14 页）。

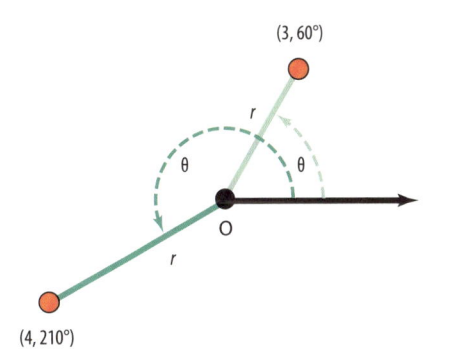

▲ 极坐标使用角度 θ 和半径 r 定义一个点。

▼ 引力是两个物体之间的吸引力，可以想象为一个物理井，较轻物体会向下滚动着向较重物体移动。

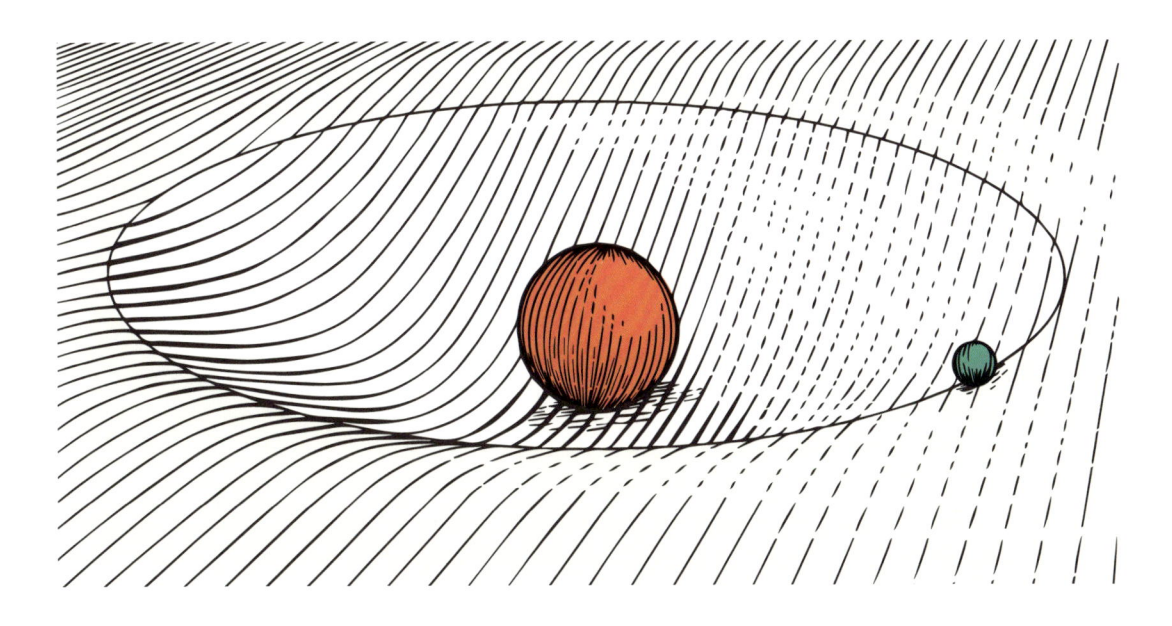

Λ λ

Λ λ（音：拉姆达）

爱因斯坦曾用大写 Λ 表示宇宙学常数，该常数最初是其广义相对论方程的一部分，用于确保方程描述的宇宙是稳定的。后来宇宙膨胀理论成为主流理论时，爱因斯坦将其删除，但此后又以新的解释重新引入，代表空间的能量密度。

小写的 λ 用于表示数学和科学中的几个概念：

- 研究矩阵时，矩阵的特征值表示为 λ（见第 125 页）。
- 电磁波（例如光）的波长用 λ 表示，代表从波上一点到相同位置的距离。
- 在指数衰减，如辐射、热传递或化学反应中，λ 用于表示衰减常数，这是衰减速率的度量。指数衰减的方程式是 $f(t) = N_0 e^{-\lambda t}$，其中 N_0 是 $t=0$ 时的初始量，e 是自然对数的底数（见第 18 页）。

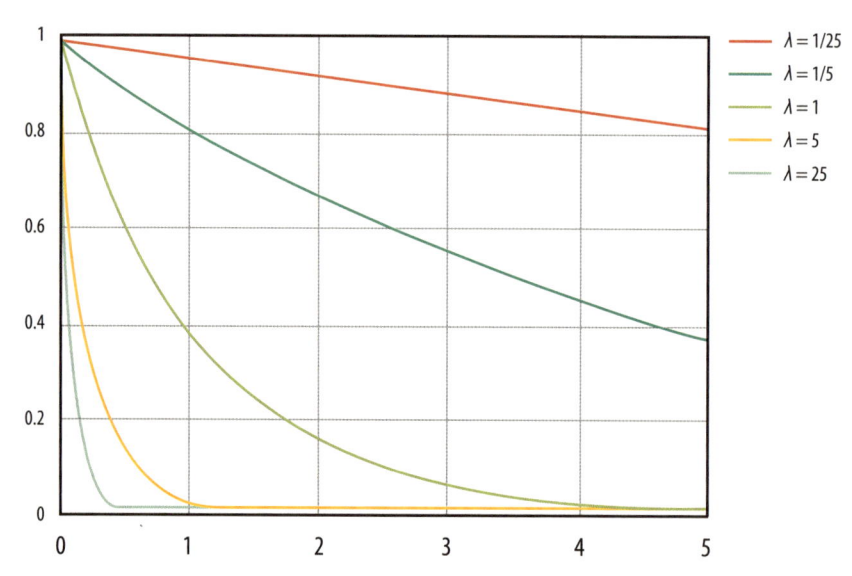

▲ 不同的 λ 值给出不同类型的指数衰减。每根曲线的函数都是 $f(t) = e^{-\lambda t}$（$N_0 = 1$）。

Mμ-Ππ

Mμ（音：谬）

在物理学中，μ 表示摩擦系数，用于度量两个表面之间摩擦的大小。摩擦系数取决于表面的材料，取值在 0（无摩擦）和 1（无相对运动）之间。

μ 是 SI 词头"微-"的标准缩写，表示百万分之一或 10^{-6}。1 微米（μm）为 0.000 001 米；μ 是唯一一个非拉丁字母 SI 词头。

μ 也是统计学中表示均值的符号（见第 114 页）。μ^- 也用于表示一种基本粒子 μ 子。

Nν（音：纽）

在物理学中，ν 用来表示：
- 频率——某事件发生或重复的速率，单位是赫兹（Hz）或 s^{-1}。
- 中微子——一种基本粒子。

Ππ（音：派）

众所周知，π 被用来表示圆周率，其值为 $\pi=3.141592653589\cdots\cdots$，用于描述圆周长与其直径的比率。$\pi$ 也广泛出现在数学和物理学中，例如钟摆的运动、台球的弹性碰撞和无穷级数的总和（见 ζ，第 58 页）。

数学中也使用小写 π 来表示素数计数函数：$\pi(n)$ 是小于或等于 n 的素数的个数，$\pi(4)=2$，因为 2 和 3 是唯一小于 4 的素数。

π 在拓扑学中也用来表示同伦群。例如，$\pi_1(X)$ 是拓扑空间 X 的基本群，可以描述拓扑空间的形状和结构。

符号 π 也表示化学中的一种键，也用于表示亚原子粒子 π 介子。

大写的 Π 用于表示一定范围内相乘的数字的乘积：

$$\prod_{n=1}^{5} n = 1 \times 2 \times 3 \times 4 \times 5$$

以上表达式给出了在 $n=1$ 到 5 之间 n 值的乘积。

Pρ-Σσ

P ρ（音：柔）

希腊字母 ρ 用于表示物质的密度——每单位体积的质量。固体密度的单位是千克每立方米（kg/m³）。同样的符号也用于表示溶液的密度，定义为各溶质质量之和除以溶液的体积。

小写的 ρ 也用于表示材料的电阻率，即抵抗电流的能力，单位是欧姆米（Ω·m）或千克三次方米每三次方秒二次方安 [kg·m³/(s³·A²)]。电导率是电阻率的倒数。

Σ σ（音：西格马）

大写的 Σ 用于表示在一定范围内数字相加的总和：

$$\sum_{n=1}^{5} n = 1+2+3+4+5$$

上面的表达式给出了在 n=1 到 5 范围内 n 的总和。

小写的 σ 在数学中可表示排列（见第 46 页），在统计学中用于表示数据集的标准差（见第 114 页）。

在热力学中，σ 表示斯忒藩-玻耳兹曼常量，其值为 σ=5.670 374 419×10⁻⁸ 瓦每平方米四次方开 [W/(m²·K⁴)]。这一常数将物体辐射的功率与其温度的四次方相关联：物质越热，它散热的速率也就越快。

小写的 σ 也用于表示材料的电导率，即传导电流的能力，其单位为西门子每米（S/m）或三次方秒二次方安每千克立方米 [s³·A²/(kg·m³)]。

▲ 锇是一种在铂矿石中发现的金属，是密度最大的天然元素。其密度为 22.59g/cm³。

Ττ–Υυ

Τ τ（音：陶）

　　数学中，用希腊字母 τ 表示值为 2π（约 6.28）的数字，可用于三角学中，以简化计算。完整圆的弧度是 τ（见第 117 页）。

　　小写的 τ 也用于表示物理学中的时间常数，偶尔也用于表示化学式中的时间。它还用于表示扭矩，即旋转力或转动力产生的作用，单位是牛米（N·m）。

Υ υ（音：宇普西隆）

　　υ 介子是介子的一种，是一种基本粒子。

▼ 扭矩是旋转力或转动力产生的作用。

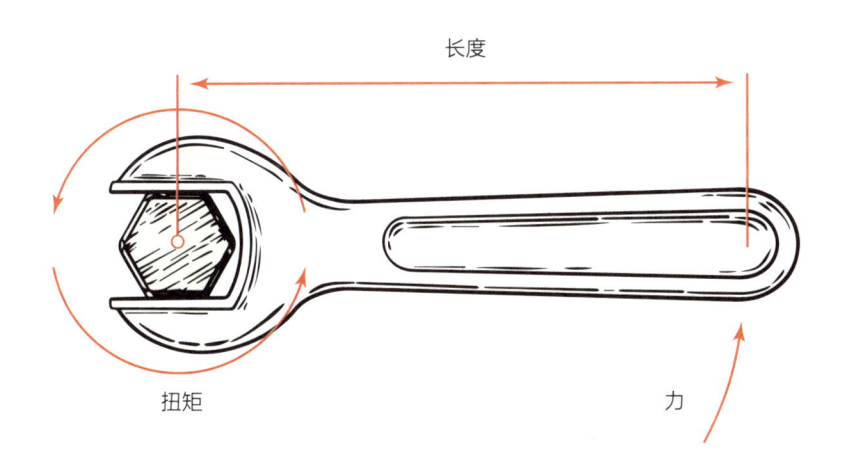

长度

扭矩　　　　　　　　　　　力

Φ φ（音：斐）

在数学中，φ 用于表示黄金比例，即 $\frac{\sqrt{5}+1}{2}$（约等于 1.618）。黄金比例性质独特，满足 φ=1+1/φ。它被认为是数学中最优雅、最令人愉悦的比例之一；它定义了黄金矩形（一个具有独特性质的矩形，如果从中切掉一个正方形，剩余的部分和原始部分一样，长宽比仍是黄金比例）和黄金螺旋。黄金比例也与斐波那契数列有关（见第 23 页）。

φ 在数学中还有以下其他含义：

- φ 通常用来表示一个角，特别是当第一个角已经被 θ 表示后，φ 用于表示第二个角。φ 也用于三维极坐标中，其中三个坐标分别是 θ、φ 和 r。

- φ 是欧拉函数中的符号：φ(n) 计算小于 n 且与 n 互质（除了 1 之外没有任何公因数）的数的数量。例如，φ(8)=4，因为 1、3、5 和 7 与 8 互质，但 2 和 6 与 8 的公因数为 2，而 4 与 8 的公因数为 4（以及 2）。

- φ 也在统计学中用于表示概率密度函数，该函数对数据集的值的概率进行建模。

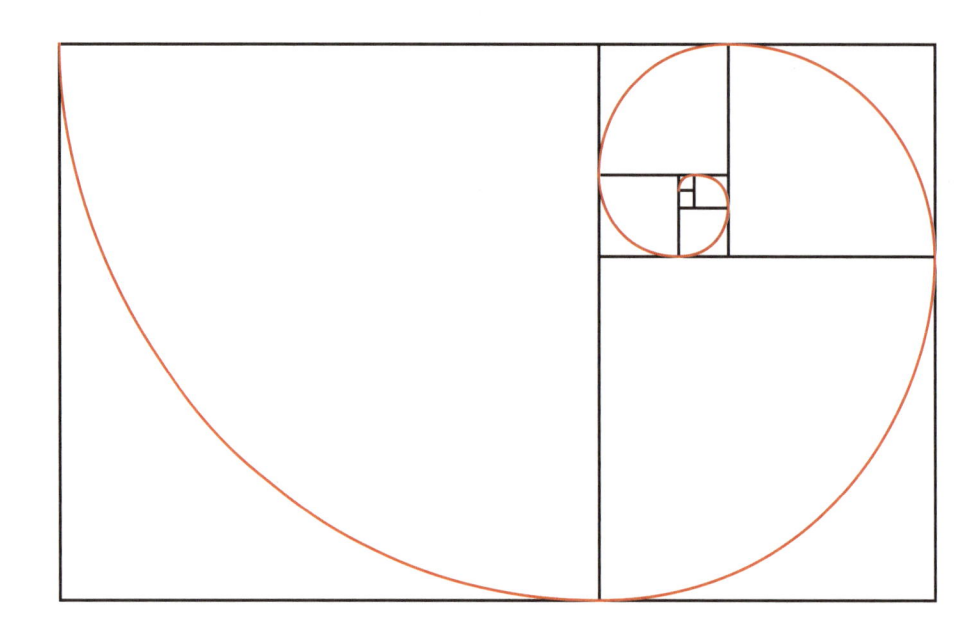

▼ 斐波那契螺旋线，或黄金螺旋线，是一个增长因子为 φ 的对数螺旋线，可放置于黄金矩形中。

Χχ-Ωω

Χχ（音：希）

希腊字母 χ 用于统计学和科学实验，用来描述实验观察到的值的分布与预期分布的吻合程度。卡方（χ^2）检验用于确定两者之间的差异是否具有统计学意义，可以证实或证伪实验假设。

在数学中，χ 也用于表示对象或图的欧拉特征。它的计算公式为 $\chi=V-E+F$：顶点数减去边数加上面或区域数。对于一张平面纸上的简单物体和平面图，χ 等于 2。物体上每增加一个孔，χ 就减去 2；对于环面，$\chi=0$。有关图的更多信息，请见第 202 页。

Ωω（音：奥米伽）

Ω 用于表示欧姆，即电阻的单位（参见 R，第 45 页），并以德国物理学家格奥尔格·欧姆（Georg Ohm）的名字命名。1 欧姆等于 1 千克平方米每三次方秒二次方安 $[kg \cdot m^2/(s^3 \cdot A^2)]$。

小写的 ω 用于表示角速度，用于度量物体旋转的速度和方向，单位是 s^{-1}（每秒）。按照惯例，ω 为正值表示顺时针旋转，ω 为负值表示逆时针旋转。

希伯来字母

希伯来字母 $\aleph$（音：阿列夫）在数学中用于表示无穷大。有关无穷大的更多信息，请见第 100 页。

▼ 对于平面页面上的任何形状，总是有 $V-E+F=2$。

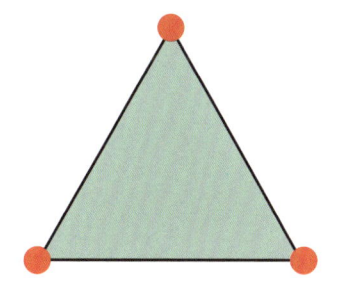

3 个顶点，
3 条边，
2 个区域

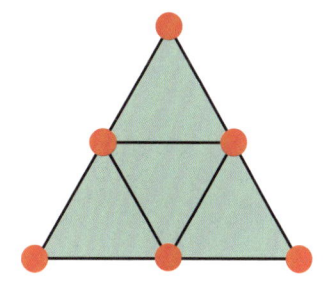

6 个顶点，
9 条边，
5 个区域

数字

如果没有数字，数学不可能存在；如果没有数学，其他科学就不可能存在。数字有既定的书写体系，其中一些已经在世界各地存在发展了几个世纪。今天，国际化的数字语言使得人们可沟通数量、尺寸等信息，实现对抽象概念的描述。除了标准的十进制系统，根据交流沟通的需要，还有不同的方式来表示大大小小的数字。

印度-阿拉伯数字

我们所熟悉的书面数字就是印度-阿拉伯数字系统的一部分。

千位 百位 十位 个位

…0 0 0 0 4 3 0 7　"4 3 0 7"

0 0 3 . 1 4 1 5 9…　"3.1415
9…"

个位　十分位 百分位 千分位

▲ 十进制系统将10的幂分配给每一列。

印度数学家在公元前400年到前100年发明了这套数字系统，并在公元900年左右被阿拉伯数学所采用，这个被称为印度-阿拉伯数字的系统通过阿拉伯数学家花剌子米（Al-Khwārizmī）和金迪（Al-Kindi）的著作在国际上传播开来。1000年左右，欧洲使用这套系统，并由数学家斐波那契（Leonardo Fibonacci）在《计算之书》（Liber abaci）一书中推广。

这种新的数字系统取代了罗马数字，它不仅包括10个符号0~9，还改变了我们书写和表示数字的方式——用列表示个位（单位）、十位、百位和千位，并选择一个数字符号放在每个位置，这种"位置值"数字系统意味着，根据数字出现的位置，它代表不同的值。在十位栏中的 3 表示 30，但在百位栏中就表示 300，这与罗马数字不同，在罗马数字中，无论放在哪个位置，C 的值都是 100 或 -100。

除了能看到的这些数字外，对于任何数字，还有向左延伸的无限多个隐含的不可见零，表示那些未使用的较大的数字值。类似地，如果数字有小数点，它们可以有无限多个零或非零位数，向右延伸到无限远。

我们今天使用的现代数字是几个世纪以来长期演变的结果,在早期版本中可以看到现代符号的某些特征。

印度-阿拉伯数字的演变

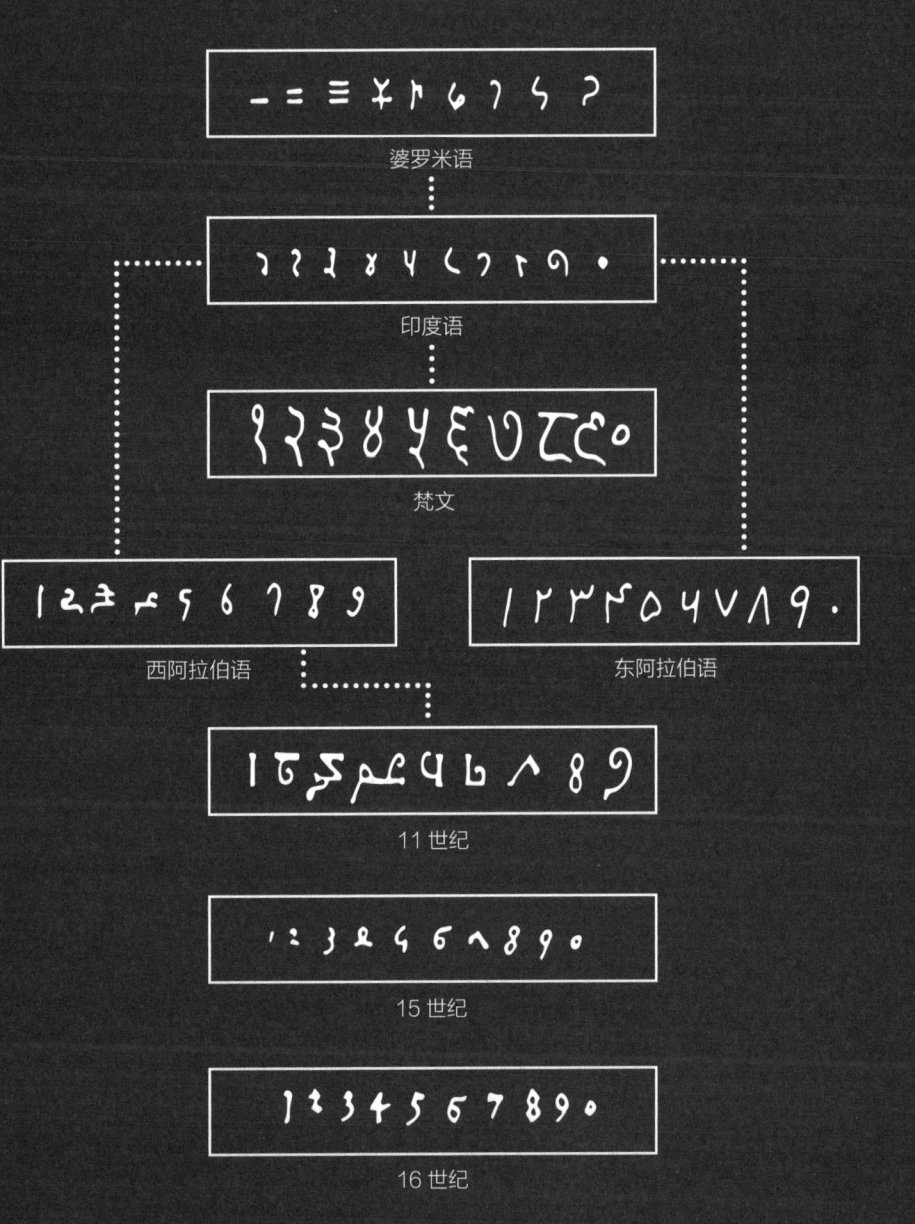

婆罗米语

印度语

梵文

西阿拉伯语

东阿拉伯语

11 世纪

15 世纪

16 世纪

印度-阿拉伯数字 | 69

数字的基数

广泛使用的印度-阿拉伯数字系统以十进制（以10为基数）来表示数字，这意味着每一位包含一个从0到9的数字及10的幂。在科学和计算领域中，还广泛使用其他数字基数的数字系统，它们也有类似的原理。

10110

二进制数是以 2 为基数的数字系统。这意味着每位都乘相应的 2 的幂：1、2、4、8、16 等，而不是个、十、百和千（或 10^0、10^1、10^2、10^3）。每一位要么是 0，要么是 1，只使用 1 和 0 就可以组合出任何数字。这些数字可以通过电脉冲高速传输。

计算机和技术中常用的另一种系统是十六进制，即以 16 为基数。每位代表 16

#DD634B

#CFA916

#8BACA5

0123456789 ABCDEF

的幂（1、16、256、4096、……），需要 16 个不同的数字来表示每个值。因此，除了标准数字 0~9 之外，还用字母 A 到 F 来表示数字 10~15。

在这些数字基数中，我们可以运用与十进制相同的思想。除了写整数之外，我们仍可以用一个点来表示一个数字的小数部分，如在十六进制中，小数点后面表示十六分之一、二百五十六分之一等。以 16 为基数意味着可以很容易地与二进制进行转换，因为 16 是 2 的幂，所以它在计算中用于存储和编码数据，以及表示颜色，比如左边显示的十六进制颜色代码。

使用下标

当使用不同的数字基数时，重要的是表示清楚你用的是哪个基数来写一个数字。如果只写"101"，我们可以认为它表示十进制数101、二进制数5或十六进制数257。可以通过把基数写为下标来注明。

$3FD2_{16} = 16338_{10} = 1111111010010_2$

$1E240_{16} = 123456_{10} = 11110001001000000_2$

$57BBDF_{16} = 5749727_{10} = 10101111011101111011111_2$

十二进制数

有些人认为我们应该使用十二进制，因为12的因数比10多——它可以被2、3、4和6整除。虽然在十进制中很容易看出数字是否被5和10整除，但十二进制有更多优势。在我们的时间系统中，我们仍然延续着12小时的习惯，每个小时包含60分钟，每分钟包括60秒。这是古代巴比伦数字系统留下的遗产（见第75页），像12和60这样的数字更容易被分成四分之一、三分之一等。

各种官方组织都在推广使用以12为基数的数字（也称为十二进制），除包含常用数字0~9还包含附加符号 Χ 和 ε（美国发音为"dek"和"el"）或 τ 和 ε（英国）来表示10和11，如这个十二进制钟面（右）所示。他们认为这个系统会使计算速度更快，有利于孩子们学习算术，但是对于那些已经习惯十进制的人来说可能更难。

基于十进制的其他数字系统

虽然数字在世界各地的表达方式不同，但一些语言已经开发出基于十进制的数字系统，只是用不同的符号表示数字0~9。

泰国数字

虽然泰国有自己的传统数字，但现在印度－阿拉伯数字的使用更为普遍。泰国的数字符号看起来很像高棉数字。下面展示的是数字1~20。

孟加拉数字

孟加拉数字起源于印度次大陆，广泛应用在该地区包括孟加拉语在内的各种语言中，他们使用十进制，但不使用印度－阿拉伯数字。

数字	符号	发音
0	๐	sun
1	๑	nueng
2	๒	song
3	๓	sam
4	๔	si
5	๕	ha
6	๖	hok
7	๗	chet
8	๘	paet
9	๙	kao

数字	符号	发音
0	০	shunnô
1	১	ek
2	২	dui
3	৩	tin
4	৪	char
5	৫	pãch
6	৬	chhôy
7	৭	shat
8	৮	aṭ
9	৯	nôy

๑	๒	๓	๔	๕	๖	๗	๘	๙	๑๐
1	2	3	4	5	6	7	8	9	10

๑๑	๑๒	๑๓	๑๔	๑๕	๑๖	๑๗	๑๘	๑๙	๒๐
11	12	13	14	15	16	17	18	19	20

汉语数字

汉语数字用"十"表示 10、"百"表示 100、"千"表示 1000，它也是遵循十进制位值制，通过在十前面加上数字来表示 10 的倍数。例如，34 可写成三十和四的和——即三十四。右下方列出了汉语数字 1~25。

在金融交易中，每个汉语数字都有一个更复杂的版本，这使得通过添加笔画将一位数字转换成另一位数字变得更加困难。

数字	符号	拼音
0	零/○	líng
1	一	yī
2	二	èr
3	三	sān
4	四	sì
5	五	wǔ
6	六	liù
7	七	qī
8	八	bā
9	九	jiǔ

一	二	三	四	五
1	2	3	4	5
六	七	八	九	十
6	7	8	9	10
十一	十二	十三	十四	十五
11	12	13	14	15
十六	十七	十八	十九	二十
16	17	18	19	20
二十一	二十二	二十三	二十四	二十五
21	22	23	24	25

埃及数字

古埃及数字系统比印度－阿拉伯数字系统早几百年出现，它也是以 10 为基数。不同于用专门的符号来表示 10 的每个幂，埃及数字只需重复书写基底若干次。

这些符号就像埃及象形文字一样，是物体的图像：100 像一卷绳子，1000 像一朵睡莲，10000 像一根弯曲的手指。

数值	1	10	100	1000	10000	100000	1 000 000 及以上
象形文字							

基于十进制的其他数字系统

其他基数的数字系统

历史上许多数字系统都不使用十进制。它们使用的基数是20或60，也就是二十进制或六十进制，作为记数系统的基础，它们至今仍有很大影响力。

玛雅数字系统

玛雅文明存在于大约公元前2000年至16世纪，在今天的墨西哥南部、伯利兹和洪都拉斯一带。玛雅人以其复杂的书写系统闻名，他们还开发了一种以20为基数的数字系统。使用点（代表1）和线（代表5）组成数字1~19，用一个贝形符号代表0。数字1~20如上所示。

这个系统使用位置值，因此大于19的数字都由两个数字组成：一个用于表示20的数量，一个用于表示个位数的数字，写在下方。例如，45是两个20和5，因此可以写成：

一旦数字大于20×20=400，就需要三位数来表示了。例如，数字408可以用一个点来表示一个400，一个贝形符号表示20的数量是0，然后在它下面用符号表示8。

巴比伦数字

大约在公元前 18 世纪到前 6 世纪，巴比伦人统治着今天的伊拉克及其周边地区，他们以天文计算和使用以 60 为基数的数字系统闻名。

用芦苇在泥板上压出三角状的楔形文字，这些楔形的数字系统有专门表示个位和十位的符号，然后将它们组合在一起形成数字，最高可达 60。这是第一个位置制数字系统，其中符号的位置决定了它的值。右边展示了巴比伦数字 1~50。

基数 60 是一个包含许多因数的数字，这意味着涉及除法的计算变得更容易。这个系统至今仍然应用于时钟上分和秒的计算以及测量角度。

因努伊特数字系统

因努伊特人是土生土长的阿拉斯加人，他们使用二十进制的数字系统。右边的一组符号是在 20 世纪 90 年代创建的，当时一群学童发现他们母语中的数字名称是以 20 为基数组织的，和他们用英语书写数字时使用的印度－阿拉伯数字不一样。

这些符号是由它们所表示的数字的笔画组成，横笔画代表 5。该系统是按位置排列的，所以大于 20 的数字可写成一个个位数再加上几个表示 20 或 400 的数字，以此类推。

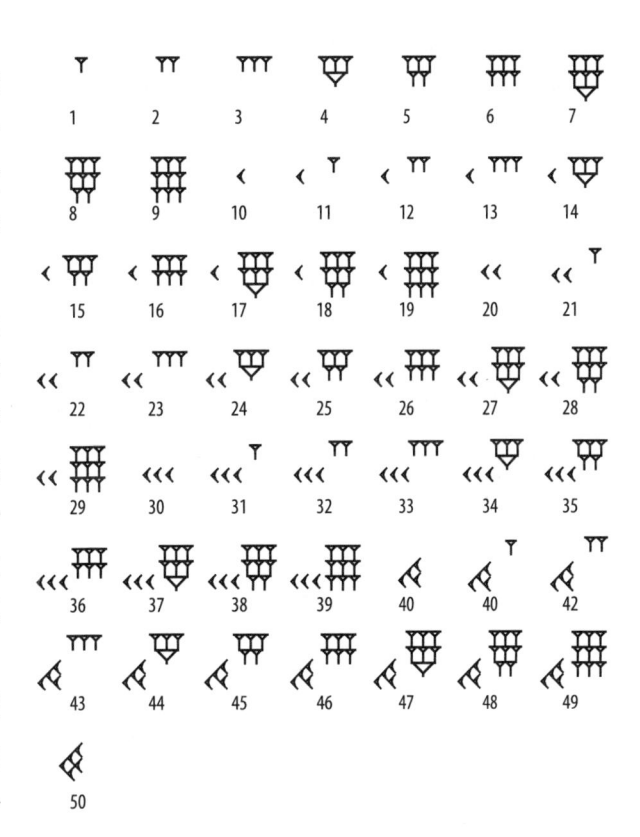

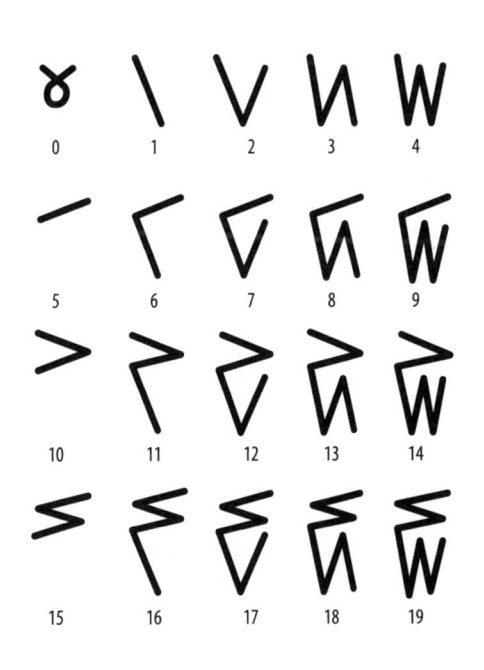

其他数字系统：不同的结构

到目前为止，我们看到的数字系统使用的是位值系统，换句话说，一个数字在数中的位置决定了这个数字所代表的数量。历史上也有其他数字系统使用不同的方式来记录数值。

罗马数字

罗马数字起源于古罗马，在欧洲广泛使用，它是用一组代表1、5、10、50、100、500和1000的符号书写的。

如果你要写一个数，就按照大小递减的顺序把这些数字列出来并加起来，如果有需要，可以重复使用一个符号（最多三次）。

罗马数字中如果出现一个符号需要写四次，就在一个较大数字符号前写一个较小的数字符号，来表示前者减后者，例如，4不写成IIII，而写为IV（V代表5，I代表1，IV表示5减1，即4），表示90就用XC代替LXXXX。用标准罗马数字可以写出的最大数字是3999。

符号	数值
I	1
V	5
X	10
L	50
C	100
D	500
M	1000

34=XXXIV

165=CLXV

1029=MXXIX

2420=MMXLXX

由于这些值不使用位值系统，不能只是将列对齐进行加减运算，所以计算起来会更加困难。

尽管罗马数字已经被印度－阿拉伯数字和位值系统所取代，但它们仍然被用在时钟钟面上，在某些情况下也用于表示年份和日期。

西多会数字

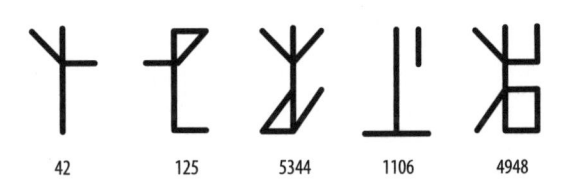

大约在 13 世纪早期阿拉伯数字被引入欧洲的时候，西多会修道院发展出一种变体。不使用列来表示数字，而是用四个角表示。每个角可以包含 10 种不同的笔画形状，这些形状与中心的竖线"中柱"相连。

"中柱"右上角的形状表示个位数，左上角给出十位数值，右下角是百位，左下角是千位，对应的形状是镜像或翻转的。这些符号可以组合成 9999 以内的任何数字。

西里尔数字

直到 18 世纪初，这些数字还在俄罗斯使用。这些符号原是西里尔字母表中的字母，在字母正上方写有一个略语符号（~）来表明它是一个数字。

西里尔数字不使用位置值，而是使用不同的符号来表示 10 和 100 的倍数，并修饰符号来表示千位及以上数字。

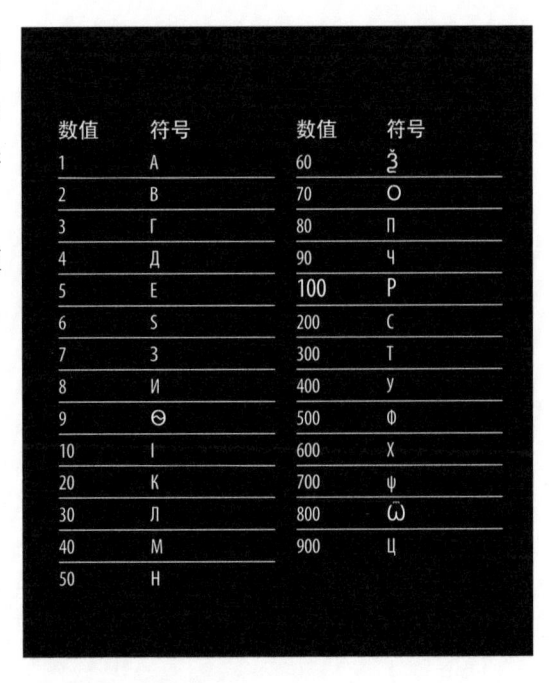

数值	符号	数值	符号
1	A	60	ꙁ
2	B	70	O
3	Г	80	П
4	Д	90	Ч
5	E	100	Р
6	S	200	С
7	З	300	Т
8	И	400	У
9	Ѳ	500	Ф
10	I	600	Х
20	К	700	Ѱ
30	Л	800	Ѡ
40	М	900	Ц
50	Н		

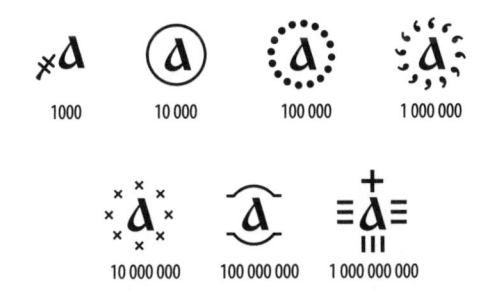

代码中的数字

用于交流语言的代码系统基本都需要能够传输数字。数字0~9在不同的代码中有许多不同的表示形式。

莫尔斯电码

每个数字使用五个符号（点或短线），1~5用1~5个点表示，大于5时短线的数量从1个增加到5个。萨缪尔·芬利·布里斯·莫尔斯（Samuel Morse）最初设计的代码仅使用数字，而字母则是通过编码簿使用预先商定的代码查找。在后来的代码版本中添加了字母。

▼ 这种代码是以一系列点和短线的形式传输的，用长短电流脉冲来实现。

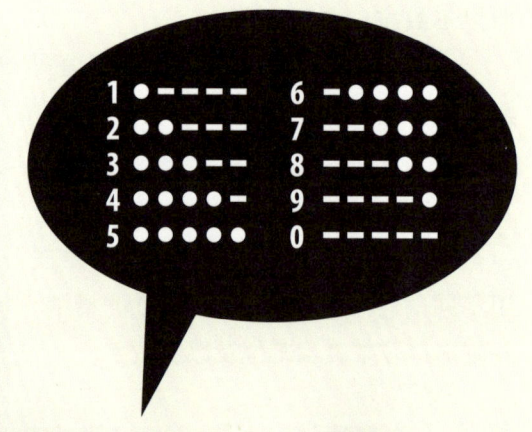

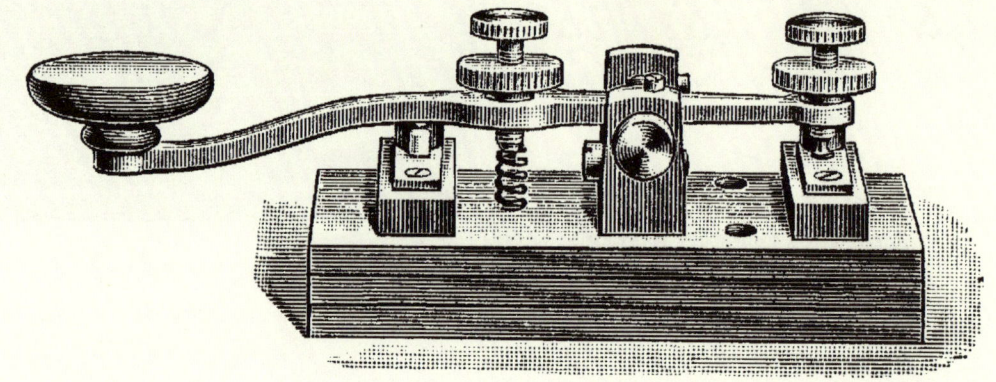

盲文

　　盲文中的数字 0~9 与英文盲文字母 A~J 相同，只不过前面要加上表示数字的符号 .:。

国际信号旗

　　这种系统被称为旗帜通信系统。将合适的旗帜按顺序悬挂在船边，以便船只在白天实现远距离通信。

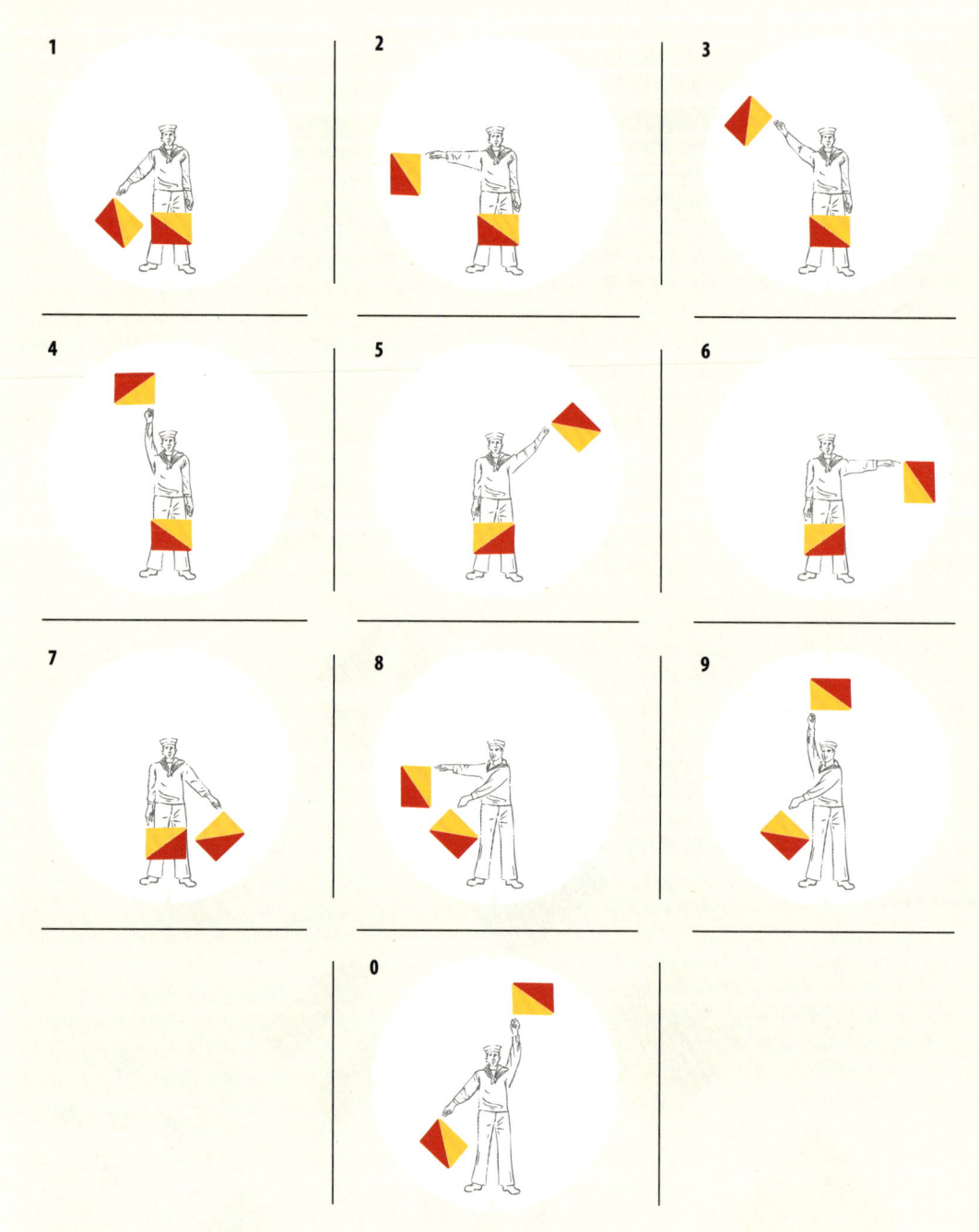

旗语

　　旗语由两面不对称的红黄两色旗帜组成，可用于远距离视觉交流。

手势语

　　不同手势语中表达数字的体系不同。除了 0 ~ 9 中每个数字的手势之外，通常我们还可以通过组合手势来表达常用的较大数字，例如 10 ~ 20 的数字和多位数。

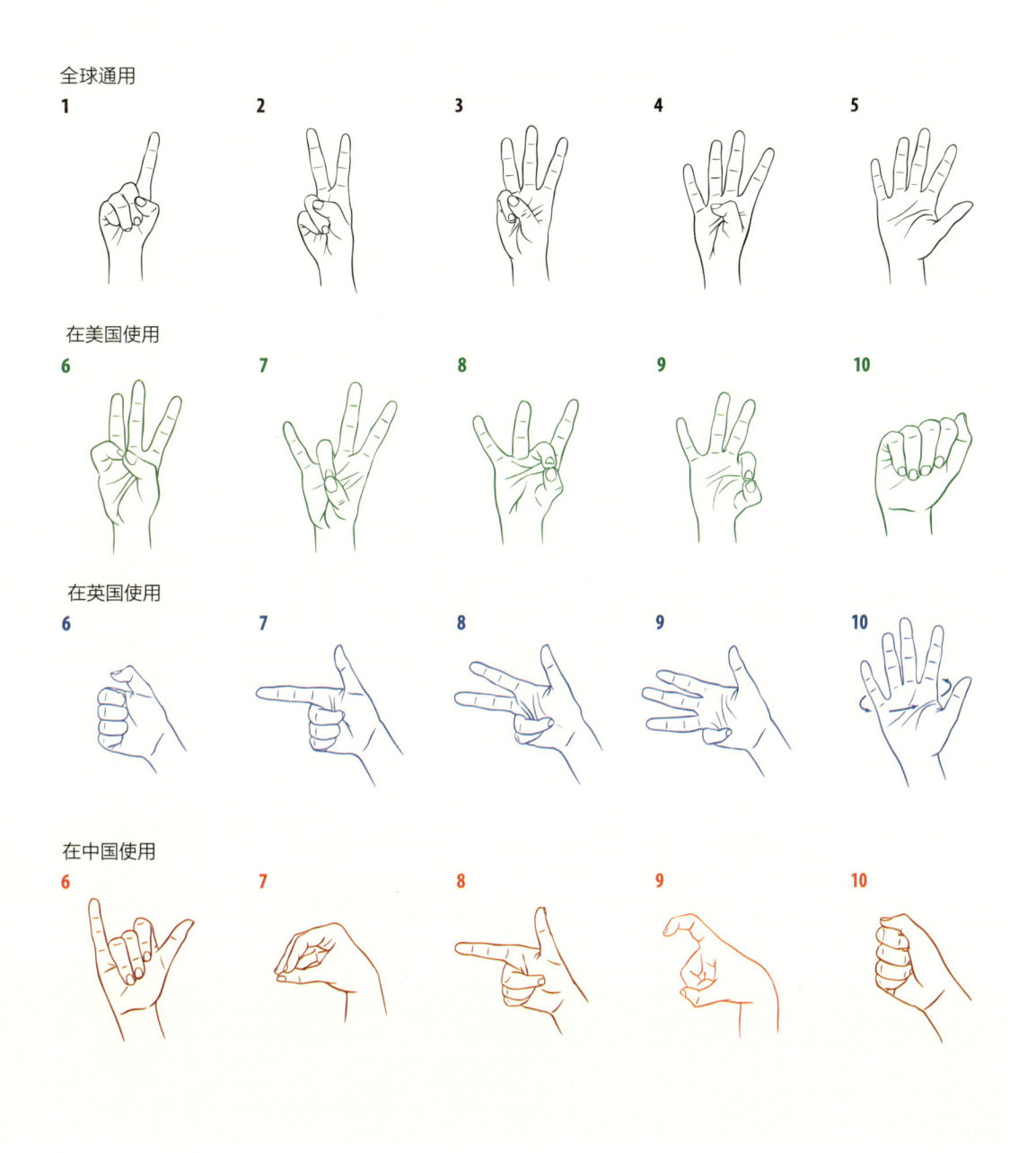

全球通用
1　　　　2　　　　3　　　　4　　　　5

在美国使用
6　　　　7　　　　8　　　　9　　　　10

在英国使用
6　　　　7　　　　8　　　　9　　　　10

在中国使用
6　　　　7　　　　8　　　　9　　　　10

大数字

除了通常的表示数字的方法之外，数学家们还开发了能够写下一些真正超乎想象的大数字的方法。

2↑↑↑4

将数字写成上标（小字号，在行的顶部）代表它是指数，所以 $2^4=2×2×2×2$。（了解数学和科学符号中下标和上标的其他用法，请见第190页。）

上面的"向上箭头"符号是由数学家高德纳（Donald Knuth）创立的，是扩展这一概念的一种方式。单个箭头用于通常的求幂——因此 2↑4 仅表示 2^4；2↑↑4 表示 $2^{2^{2^2}}$——四个2的堆叠，每个2都是左下方数字的二次幂。这被称为"超-4运算"，2↑↑4=65536。

然后，这个系列的下一个是 2↑↑↑4，它代表"超-5运算"。每次，你都需要重复上一次操作的过程，重复的次数在箭头之后给出。所以，2↑↑↑4=2↑↑（2↑↑（2↑↑2））。因为 $2↑↑2=2^2$（两个2的堆叠），所以这将是 2↑↑4 个2的堆叠，即得到一个 65533 位的数字。

箭头的数量可以根据需要增加，以表示越来越大的数字，包括一些大到无法用常规方式写下来的数字。

数学家利奥·莫泽（Leo Moser）定义了一系列用于记下特定大数的符号，称为施坦因豪斯–莫泽表示法，它基于胡果·施坦因豪斯（Hugo Steinhaus）在1969年定义的类似系统。

三角形中的数字 n 表示 n^n。因此，△2 = 2^2 = 4、△3 = 3^3 = 27 和 △12 = 12^{12} = 8916100448256。

正方形中的数字 n 表示"n 个三角形中的 n"。所以，□2 意味着 2 在双重三角形中或一个三角形中嵌套着一个 △2，也就是表示 4^4=256。□3 意味着"3 个三角形中的 3"，也就是一个三角形中嵌套着一个三角形，这个三角形中还嵌套着一个 △3；或者说，△△3=27^{27}，然后取它的 27^{27} 幂，这是一个 17,137,024,398,162,597,813,435,790,035,277,831,527,369 位数的数字。

五边形中的数字 n 表示"n 个正方形中的 n"，所以很明显，即使 n 的值很小，这些数字也已经非常大了。数字 ⬠2 被称为"巨数（mega）"，⬠10 被称为"极大数（megiston）"。莫泽还定义了"莫泽数"，这是一个巨型多边形（有很多条边的图形）中的数字 2，这是一个非常大的数字。

$O(x)$

"大 O 符号"用于描述在输入既定 x 的情况下，一个值的增长速度。例如，$O(x)$ 表示随着 x 的增加，该值将以大约相同的速度增长（例如，马的数量增加，马的腿数也随之增加）。$O(x^2)$ 意味着该值将随着 x 的平方变化而变化，就像棋盘上的方格的面积随边长 x 的平方变化而变化。

该符号通常用于根据需要执行的计算次数来描述计算需要运行多长时间。

小数、分数和百分数

我们平常描述非整数的方法有很多种，包括小数、分数和百分数。根据所要表达的数字的具体情况和应用场景，选择最合适的表示方式。

$$1.5 \qquad \frac{a}{b}$$

任何实数都可以表示为小数，它写为一个整数值，后面跟着一个小数点，再跟一个（可能是无限的）十进制数字串。

- 如果所写的数字是一个整数，则小数点后的所有数字都是零，除非需要显示精确值，否则通常省略。
- 如果这个数字是可以写成两个整数的分数的有理数，那么它的小数位是有限的（到达一个点，超过这个点的所有数字都为零）或者无限重复循环。
- 如果一个数字不能写成分数，它的小数位无限扩展，永不重复。

关于小数的更多内容，请见第72页。

分数是两个整数之间的比，写法是把一个数字写在另一个数字的上面，中间用一条叫作分数线的线隔开。线上面的数字是分子，下面的是分母，用线上的数字除以线下面的数字就是分数的值。

如果分子能被分母整除，如 $\frac{4}{2}$，则分数的计算结果是整数。如果分子大于分母，则称为假分数。如果分子和分母是互质的（它们的最大公约数是1），那么这个分数就是它的最简分数。

将分数的分子和分母乘以或除以同一个数（0除外），不会改变整个分数的值。

%

百分号表示一个数字以 100 的比例给出，因此 25% 的值表示 $\frac{25}{100}$ 或 $\frac{1}{4}$。一个数可以通过乘以 100 从小数或分数转换成百分数：

$$\frac{1}{2} = \frac{1}{2} \times 100\% = 50\%$$

术语"百分数"一词来自拉丁语 per centum，意思是"百分之"。有类似的符号表示千分之一（‰）和万分之一（‱）。万分之几，等于百分之一的百分比，在金融中被用来衡量利率的变化，称为基点（bps）。

合并分数

如果我们想将两个分数相乘，可以通过将分子和分子相乘，分母和分母相乘来完成：

$$\frac{a}{b} \times \frac{c}{d} = \frac{a \times c}{b \times d}$$

但是，如果要将两个分数相加，我们需要更加细心。例如，如果将 $\frac{1}{2}$ 加上 $\frac{1}{3}$，则总和不是 $\frac{2}{5}$。但如果分母相同，则可以直接将分子相加：

$$\frac{a}{b} + \frac{c}{b} = \frac{a+c}{b}$$

反之，我们需要计算出它们的公分母，也就是通分：将每个分数的分子和分母乘以另一个分数的分母得出的，这不会改变它们的值，但意味着它们具有相同的分母。

$$\frac{a}{b} + \frac{c}{d} = \frac{ad}{bd} + \frac{bc}{bd} = \frac{ad+bc}{bd}$$

其他种类的分数

分数是两个整数之间的比率，但还有其他类型的分数以及书写分数的其他方法，扩展了这一概念。

$\frac{1}{2}$

$\frac{1}{3}$

$\frac{1}{4}$

$\frac{1}{10}$

$\frac{1}{18}$

埃及分数

古埃及是许多早期数学和记数法发展的源头，古埃及人用来书写数字的系统与今天使用的不同（见第 68 页）。除了用不同的方式书写数字，埃及人还有一种独特的表示分数的方式。

如果一个分数的分子是 1，则它就是一个单位分数。埃及人知道任何分数都可以写成不同单位分数的和，这就是他们的表达方式。例如，他们会写 $\frac{1}{2}+\frac{1}{10}$，而不是 $\frac{3}{5}$。

字母 R 的象形文字代表"部分"，它看起来像一个平面透镜，被用来表示它下面的数字是分数。

对于一个给定的分数 $\frac{p}{q}$，可能有多种方法将其表示为单位分数之和。例如，$\frac{3}{5}$ 也是 $\frac{1}{5}+\frac{1}{5}+\frac{1}{5}$。在 1202 年，数学家列奥纳多·斐波那契（Leonardo Fibonacci）通过求表达式的方法，证明了任何分数都可以写成单位分数之和——也就是说，减最大的单位分数（从 $\frac{1}{2}$、$\frac{1}{3}$ 等开始），然后对剩余分数重复操作。例如：

$\frac{11}{12}-\frac{1}{2}=\frac{5}{12}$；

之后 $\frac{5}{12}-\frac{1}{3}=\frac{1}{12}$；

得到 $\frac{11}{12}=\frac{1}{2}+\frac{1}{3}+\frac{1}{12}$。

连分数

连分数是一种用分数的分数这一特别形式来表示数字的分数。在数学中，任何分数都可以表示为连分数。例如，数字 $\frac{5}{3}$ 可以写成 $1+\frac{2}{3}$。由于 $2/3=1/(3/2)$，我们可以将其改写为单位分数，其分母也用单位分数表示：

$$\frac{2}{3} = \frac{1}{(1+\frac{1}{2})}$$

这其中的原理是，在一个分数中，把某个东西放在 1 下面，就会得到它的倒数：$2/3=1/(3/2)$，合并起来，我们可以得出：

$$\frac{5}{3} = 1 + \cfrac{1}{1+\frac{1}{2}}$$

任何有理数都可表示为有限级数的连分数。不能写成分数且有无限不重复小数展开的数字，包括 π 和 e 等无理数，都有无限的连分数。

$$\frac{124}{27} = 4 + \cfrac{1}{1+\cfrac{1}{1+\cfrac{1}{2+\cfrac{1}{5}}}}$$

连分数的另一种表示法是简单地列出每一级上相加的整数字——我们也可以把 $\frac{124}{27}$ 写成 [4; 1, 1, 2, 5]。

数学符号

　　数学中有大量的符号。通常，交流数学思想面临的挑战之一就是找到一种简明的符号表达方式。

　　除了常见的数学运算（+，-，×，÷）之外，一些数学概念（如方程式、集合和函数）也可以用符号表示，还有一系列其他符号用于数学的不同领域，如微积分、统计学、几何学和逻辑学。

一元运算符

人们接触最多的数学符号是运算符号，运算符号是可以用来转换或组合一个或多个数字、对象或数学结构的工具。一元运算符只接受单个输入，并应用一个函数来（可能）改变它的值。

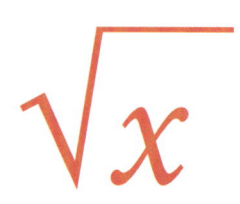

$$\sqrt{x}$$

平方根运算符将一个数转换成它的平方根——当乘以自身时，又得到原始数字。这个运算可能会产生多个值，例如，5×5=25，但也可以是（-5）×（-5）=25。正值（此处为5）称为正平方根，记为$\sqrt{25}$。我们使用符号 $-\sqrt{25}$ 表示负平方根，或使用 $\pm\sqrt{25}$ 来表示两个值。

实数中的负数没有平方根，所以没有一个数字的平方是 -16。但在复数领域，则 -16 就有平方根（请见第 113 页）。

$$\%$$

百分号表示一个数字以 100 的比例给出。因此，25% 的值表示为 $\frac{25}{100}$ 或 $\frac{1}{4}$。这意味着它的功能相当于除以 100 的一元运算符；例如，应用 % 将 25 转换为 0.25。有关 % 符号的更多信息，请见第 85 页。

$|x|$

数字 x 两边各有一条竖线表示 x 的模数或绝对值。如果 x 是正数，|x|=x；但是如果 x 是负数，那么 |x| 就是去掉负号的 x 的值。因此，|10|=10，同时 |-10|=10。如果绘制一张关于 x 的绝对值与 x 的图，看起来就像右图所示。

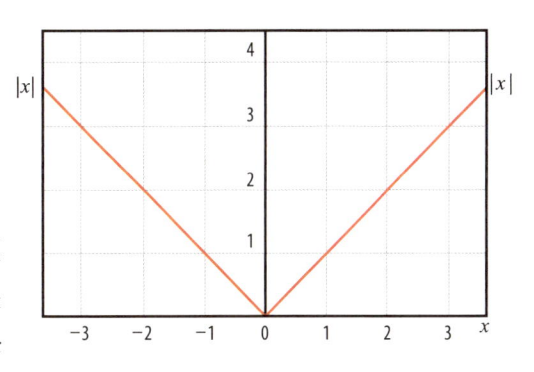

$$|x| = \begin{cases} x, \text{ if } x \geq 0 \\ -x, \text{ if } x < 0 \end{cases}$$

▲ 绝对值符号将负值变成正值。

$\bar{z}$

在数学中，当处理复数时，字母上方的横条被用作运算符。它表示一个复数的共轭，复数 z=a+bi 就是 a−bi 的共轭数，它们关于实轴对称。有关复数的更多信息，请见第 113 页。

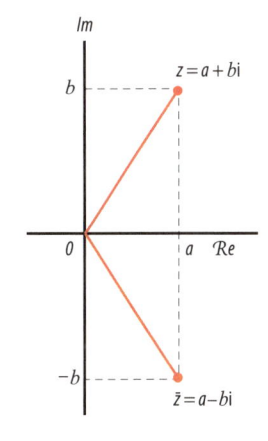

▲ 复数共轭，用数字上的横杠表示，它们关于实轴对称。

$n!$

感叹号或阶乘符号可以用在一个正整数后面，表示该数字与所有小于它的正整数的乘积。例如，5！=5×4×3×2×1=120。它通常用在数学领域的组合学中，处理寻找组合和重新排列集合的方法。

一元运算符 | 91

二元运算符

二元运算符是那些接受两个输入并将它们组合成一个输出的运算符。

四种基本的算术运算——加、减、乘和除，用加号、减号、乘号和除号表示。在实数领域，加法是减法的逆运算，乘法是除法的逆运算。

加号和减号也可以用来表示一个数是正数还是负数，以及表示一个极限是从之前还是之后接近一个点（有关无穷和极限的更多信息，请见第 100 页）。

在挪威和丹麦，符号 ÷ 用来表示减法。

乘法符号看起来像字母 x，但它更对称，是一个十字形状，有时被称为 X 形十字。除了数字乘法，它还用于几何中向量的交叉乘法（见第 127 页），在集合论中用于两个集合的笛卡尔积（见第 109 页），以及给出一个物体的尺寸，例如 3 米乘以 4 米（3m×4m）的矩形。

圆圈中的乘法符号用来表示张量积，这是两个向量空间组合的一种方式，并且可以应用于其他几个抽象的数学结构中。有关向量的更多信息，请见第 126 页。

"加/减"和"减/加"符号用于一个数可以取多个值的情况。例如，我们可以说 4 的平方根是 ±2，因为 $2^2=4$ 和 $(-2)^2=4$。在排序很重要的情况下，可以在该符号的两个版本中选其一。作为计算的一部分，这可以是一个二元运算符，或者简单地用于写一个可以取两个值的数。

$$x^y$$

对一个数进行幂运算，称为求幂，是一种二元运算符：x 乘以自身 y 次。所以，$x^y = x \times x \times x \times \cdots \times x$，其中一共有 y 个 x 相乘。$2^3 = 2 \times 2 \times 2 = 8$。

$$\binom{n}{k} \quad nCk \quad {^nC_k} \quad C(n,k)$$

二项式函数或"组合"函数，包含许多被广泛使用的符号，但它们都表示同一件事，即从 n 的集合中选择 k 个对象的方法数（忽略排序）。例如，"3 选 2"的方法数就是 3，因为可以用 3 种方法从 3 个事物中选择其中 2 个。如果事物的集合是 {A, B, C}，那么你可以选择 {A, B}、{A, C} 或 {B, C}。这在组合学中被广泛使用，主要计算组合或重新排列集合有多少种方法。

括号

在书面语言中，括号和类似括号状的符号被用来分隔插入句（如这个）；在数学中它们也有不同的用法。不同形状的括号有不同的含义。

这个符号被称为圆括号或括号，通常在数学中用来阐明数学运算的顺序。例如，（2+4）×5 与 2+（4×5）是不一样的。有关运算顺序的更多信息，请见第 128 页。

这种括号也用于将数值集合分组为元组。这些元组可以表示向量，如（1，1，1）是一个向量，描述在三个坐标方向的每一个方向上移动 1 个单位；或者，也可表示这个向量末尾的点，给出它的坐标。

圆括号也可以表示一个开区间：（0.5，1.5）表示数轴上 0.5 和 1.5 之间的点的集合，不包括点 0.5 和 1.5 本身。

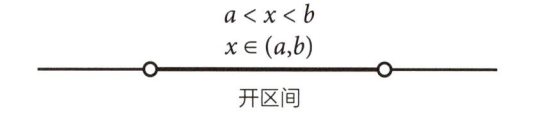

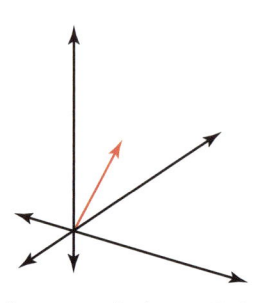

$a < x < b$
$x \in (a, b)$
开区间

▲ 向量（1，1，1）表示三维空间中的一个点。

此外，圆括号可以用于：
- 函数：$f(x)$ 表示函数 f 应用于 x 时得到的值。
- 二项式系数：两个数垂直排列（有关"组合"函数的更多信息，请见第 93 页）。

在化学中，圆括号可以定义分子内重复的亚结构，例如 HC（CH$_3$）$_3$（异丁烷）。

[ ]

方括号用于表示数轴上的封闭区间，包括其端点。[2，3] 是 2 和 3 之间的区间，包括点 2 和 3。我们也可以定义一个半开区间，例如 [0，1)，它包括一个端点 0，但不包括另一个端点 1。

方括号也表示集合内属同一类别。也就是说，在给定的条件下，事物的类别具有相似的属性。例如，我们可以将整数集分为奇数和偶数，并可以表示类 [0] 和 [1]，其中 0 和 1 代表它们的类。

此外，[x] 有时通过截断小数点后的数字来表示非整数的整数部分。所以，[4.5]=4。

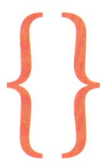

{ }

大括号在集合论中用来表示集合（有关集合论的更多信息，请见第 106 页）。

< >

除了单独用时表示不等式（见第 105 页）外，尖括号在数学中还用于表示生成集：例如，在任一代数结构中，<a> 表示所有对 a 取倍数生成的元素集合。群论中群的子群（参见 G，第 24 页）和向量空间内的张成集均应用了这个符号。

括号内有两个或多个元素，表示通过将这些元素的任意组合相乘而创建的所有对象的集合，如 <a，b> 包含 a、b、ab、ba、$ababbba$ 和无限多的其他元素。

尖括号也可以表示两个向量的内积（见第 127 页）。

括号 | 95

点

句点（也称为"句号"）、冒号和逗号在写作中常被用作标点符号，在数学中它们也有多种含义和用途。

$$4.25 \qquad x \cdot y$$

小数点用于分隔整数和非整数部分。在十进制（以 10 为基数）中，这称为小数点，表示点右边的数位是十分之一、百分之一等。它也可以作为分隔符用于其他数字基数。在一些国家，用逗号代替小数点。

中间的点用来表示乘法，代替 × 符号。如果我们想写"x 和 y 的乘积"，通常可以写成"xy"。但如果上下文不清楚，可以用一个点来表示乘法：$x \cdot y$。

还有一种专门定义的乘积类型，称为点积（或数量积），用于组合向量或数列，方法是将它们两两相乘并将结果相加：

$(1, 2, 3) \cdot (4, 5, 6)$
$= (1 \times 4) + (2 \times 5) + (3 \times 6) = 22$

点积用于衡量两个向量指向同一方向的程度。在物理学中，点积有助于计算力的分量，也可用于机器学习。

符号上方的点在记数法中有多种用途，也是表示一个量的一阶导数的几种方法之一。有关微积分符号的更多信息，请见第 118 页。

点也被用来表示无限重复的数字：$\frac{1}{3}$ 的精确值末尾有一个 3 的无限字符串，可以写成 0.3333…，或者简洁地写成 $0.\dot{3}$。还有一种情况，分数也可能有一个更复杂的表示方式：例如，$\frac{1}{7}$=0.142857142857142857…相同的六位数字串永远重复。可以在重复部分上方加一个横杠，写成 $0.\overline{142857}$，或者在重复部分的第一个和最后一个数字上加上一个点，写成 $0.\dot{1}4285\dot{7}$。

比号用来表示一个比例关系：2∶1 表示一个数量是另一个的两倍。

比号也用来表示函数映射的集合，我们可以写成 $f: X \to Y$。关于函数的更多信息，请见第 98 页。

在某些语言中，比号被用来表示除法代替除号 ÷。

省略号由三个点组成，用来表示一个序列没有结束，可能会一直延续到无穷远。数学家可能会对有人写 π=3.14 感到不舒服，他们更愿意看到 3.14…，因为 π 的精确值是一个无限不循环小数。

逗号在数学中用于分隔列表，包括集合的元素，如 {a, b, c}，和数列中的元素，如 $x, x^2, x^3, …$

函数

函数是数学中的一个重要概念，是将一个集合映射到另一个集合的规则。我们使用一些常见的符号来定义函数。

f

一般函数用 f 表示，如果 f 从集合 X 中取出元素并将它们映射到集合 Y，我们写为：

$$f: X \to Y$$

例如，我们可能有 $f: \mathbb{R} \to \mathbb{R}$，把实数映射到实数；规定 $f(x)=2x$，该函数得到的值是输入值的两倍。因为这仍然是一个实数，因此该函数定义明确。

X 称为函数的定义域，Y 称为陪域。如果你把 X 上的每一个点都能映射到 Y 上的一个点，但不会覆盖 Y 上的每一个点，那么，我们称 $f(x)$ 组成的集合 $f(X)$ 为函数的值域或像。

一个函数可以有多个输入和多个输出。如果 X 中的每个输入都能在 Y 中给出一个唯一的输出，我们说它是 1-1 函数，或者说它是单射的。如果 Y 的每个元素都被 X 中的某个元素映射到，我们就说这个函数是满射

○

的。如果一个函数同时具有这两个属性，我们说它是双射的。如果我们想合并函数，就用一个小圆圈来表示你将按顺序应用这两个函数。例如，如果你有函数 f 和 $g: \mathbb{R} \to \mathbb{R}$，定义为 $f(x)=2x$ 和 $g(x)=x+5$，我们可以写 $f \circ g(x)$ 来表示通过先应用 g 给出的函数（它最接近 x），然后应用 f 得到函数：$f[g(x)]=2(x+5)$。

f^{-1}

反函数是做相反运算的函数：如果 $f(x)=2x$，则 $f^{-1}(x)=1/2x$。注意：$f \circ f^{-1}(x)=x$。有的函数没有反函数。例如，常函数 $f(x)=7$ 将任何输入映射为 7，但是没有办法求逆。具有反函数的函数称为可逆函数，并且一定是双射函数。

一些著名的函数

我们已经了解了一些常见函数，例如第 90~93 页的一元和二元运算。

正弦　余弦　正切

在三角函数学中，有正弦函数、余弦函数和正切函数，分别用 sin、cos 和 tan 表示。

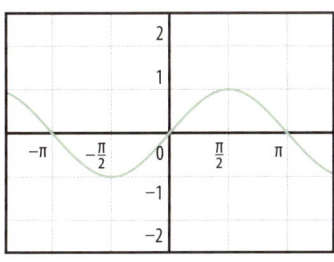

正弦

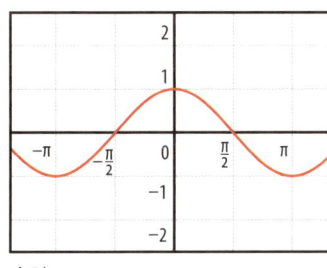

余弦

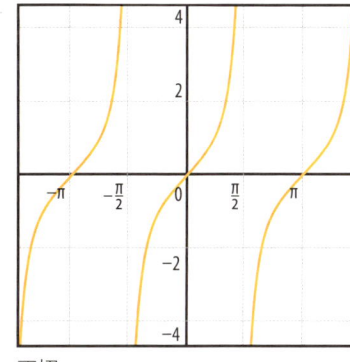

正切

$$a_nx^n + a_{n-1}x^{n-1} + \cdots + a_2x^2 + a_1x + a_0$$

由 x 的幂之和组成的函数 $P(x)$ 称为多项式。x 的每个幂乘以一个系数（通常是一个实数），这里表示为 $|a_n|$。

对数是指数运算的反函数（见第 93 页）。如果 $x = b^a$，则 $a = \log_b(x)$。例如，$\log_2(16) = 4$，因为 $2^4 = 2 \times 2 \times 2 \times 2 = 16$。我们称 b 为对数的底。对数在整个数学和科学中很常见，常用的底是 $b=10$ 和 $b=e$（见第 18 页）。

$$\log_b(x)$$

无限与极限

无论是不是数学家，人们都对无限这一概念着迷：神秘、连续地持续下去。

∞

这个符号称为双纽线，用来代表无限。数学家认为无穷大不是一个数字，但有时能够将其以书面形式呈现还是很有用的。这个符号代表了一个无穷量，比任何有限的数都大。

ℵ

用这个希伯来语字母表示不同类型的无限。$\aleph_0$ 表明，虽然某集合是无限的，但它是可数的，即集合中的每一项都可以与从 1 开始的整数按顺序配对。虽然它可能会永远持续下去，但其中的每个元素总会有一个数字与其对应。可数无限集合包括整数集合和分数（有理数）集合。

$\aleph_1$ 表示一个不可数的无限集合，例如实数集：无限小数不仅在两个方向上永远持续下去，而且在你选择的任意两点之间有无穷多个点。这些不能与整数匹配，所以它们是不可数的。

$$\sum_{n=0}^{\infty} \frac{1}{2^n}$$

大写希腊字母 Σ 用于表示总和（见第 62 页），但如果总和持续到无穷大，我们在上面加一个双纽线符号代替 n 的最终值来计算总和。

上面的表达式是 $1/2^n$ 的分数之和，如果继续到无穷大，其总和正好是 2。这可以通过画两个正方形，并在面积为 $1/2^n$ 的正方形上着色，n 取连续值，即 1、1/2、1/4（见下一页最上）。

▲ 每个区域的面积都是前一个区域的一半，并且占据剩余空间的一半。

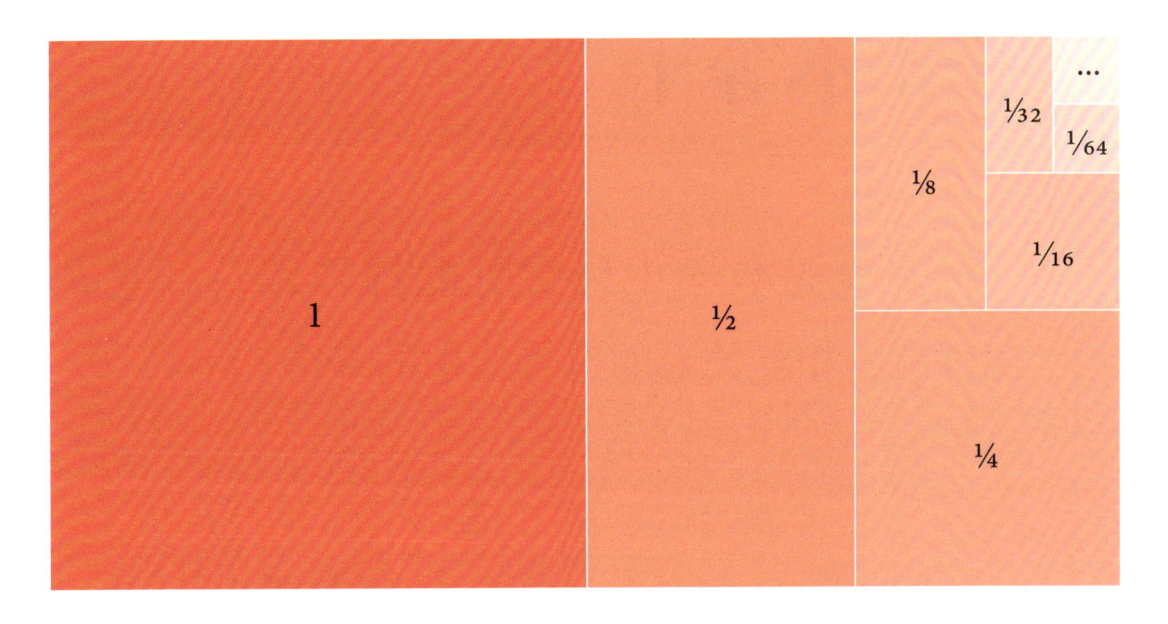

数学中使用无限符号的另一个地方是极限。当我们增加 n 的值时，与其取一个无穷大的总和，不如想想表达式的值越来越接近什么。例如，下图中的表达式表明，随着 n 值的增大，1/n 的值越来越接近于零。

▼ 虽然图中显示 1/n 的值越来越接近于零，但对于任何有限的 n 值，它实际上永远不会等于 0。

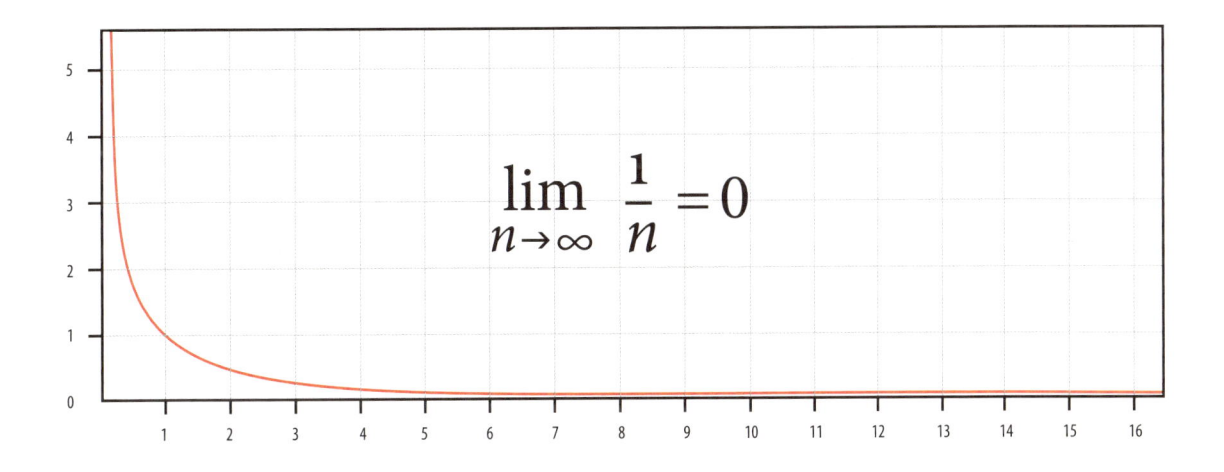

$$\lim_{n \to \infty} \frac{1}{n} = 0$$

等于和不等于

等号无疑是数学中最常见的符号之一,它是表示两件事物相互关系的符号族中的一个。

等号用于进行简单的事实陈述(如1+3=4),也用于表示未知值之间的关系(如2x+4=10)。由等号联系起来的一对表达式叫作等式。还有一个符号≠,表示两个事物不相等。

一旦你有一个关联两个表达式的方程,你就可以通过对等式的两边进行同样的运算来进行推导。比如2x+4=10,我们可以将两边除以2推导出x+2=5,然后两边都减去2得到x=3。这种操作是理解代数变量之间关系的重要工具。

上面的符号表示两个值之间的比例关系。举个例子,如果$x \propto y$,则表示x与y成正比,随着x变大,y的值也会变大。这种关系称为正比;如果$x \propto 1/y$,则表明x与y之间成反比关系。

约等号表示两个数字之间近似相等。由于π的精确值是一个无限小数,我们可以写成$\pi \approx 3.14$。

这个符号可用于表示两个数字是等效的，主要用于模运算中，即通过将一个数除以一个模，得剩下的数（称为余数）。例如，如果你对 5 求模，是用一个数字除以 5 后得到余数。

比如说 16 ≡ 1mod5，因为我们可以取 3 个整数 5，余数为 1。由三条横线组成的同余号表示模等价，如果写 16=1 是不正确的。它也可以用来写方程，但会有多个解，例如，如果 x ≡ 2mod5，我们可以有无限多个解，因为 x=2，7，12，17，……都满足上述式子。

你可能经常遇到以 12 为模，因为时钟上的小时数是以 12 为模计算的，如果从 24 小时制转换为 12 小时制，你会知道 23 ≡ 11mod12。同样，上午 11 点后的 4 个小时是 11+4 ≡ 3mod12。在数学和计算机科学以及研究代数结构（例如群）时，经常使用模运算。

除此之外，这个符号也可表示恒等。

等于和不等于

~

≅

这个符号用来表示在一个等价规则下两个对象是等价的。用字母 R 表示等价关系，界定它们共有的属性（必须遵循一组特定的规则才能成为有效关系）。相等是等价关系的一种，就像"等价模 n"（见第 103 页）或"眼睛颜色相同"也都是等价关系。

一旦确定了等价关系，就可以将一个集合划分成几个等价类（见第 95 页）。例如，我们可以将单词集上的 R 定义为"具有相同数量的字母"的关系，就得到 hello~$_R$olive（因为它们都是五个字母），但是 fish ≁$_R$ lobste（因为这两个词的字母数不同）。每一类都将由一个与该类中所有单词长度相同的单词表示，例如，[a]$_R$，[of]$_R$，[ten]$_R$，[fish]$_R$，[hello]$_R$ 等。

这个符号用来表示同构，这是一种应用于群或集合这样的代数对象的等式形式，表示两个对象具有相同的大小和结构，并且一个可以精确地映射到另一个上。

例如，可以证明，对于三角形的三个角，通过不同方式的翻转和旋转得到的对称操作组、与洗三张牌的方式数量同构。

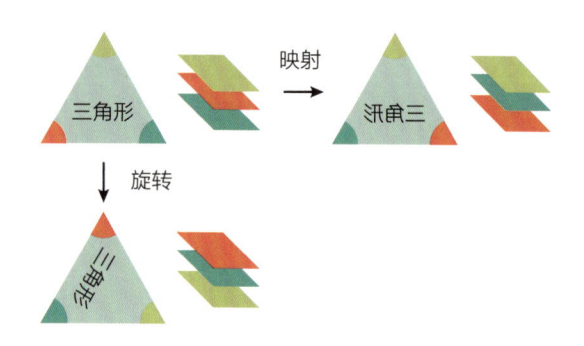

不等式

单个尖括号可以用来表示两个表达式不相等，称为不等式，它也可以是事实的简单陈述（2<4），或者用于表示取值范围（$x \geq 5$；0<y<4）。指向左边的箭头表示"小于"，指向右边的表示"大于"。语句可以从左向右读（"x>5"表示"x 大于 5"）。只要记得在这两种情况下箭头都指向较小的值就能很好地记住它。

这个符号下面加一条线表示"小于或等于"和"大于或等于"，意思是两边可能相等。数学家有时会称"小于或等于"为"小于"，如果两个值不能相等，则使用"严格小于"，这称为严格不等式。

可以在等式上执行的相同运算也可以对不等式执行，不同的是如果你将两边乘以或除以一个负数，中间不等式符号的方向将会改变。

集合

集合是一种数学结构，包含有限或无限多个对象（称为元素）。一个集合包含的每个元素都只能是唯一的——不允许重复。集合的概念非常重要，它是许多数学领域的基础，涉及许多专业符号。

大括号用来表示集合。集合可以写成由逗号分隔的元素列表，如 {1，2，3}，也可以使用属性来定义，如 $\{x \in Z: 5|x\}$ 是"可以被 5 整除的整数 x 的集合"的简写，并给出无限集合 {5，10，15，20，…}。省略号用于表示仅部分陈述的无限元素列表。

集合也可以包含在其他集合中：{{1，2}，{3，4}} 是一组集合。

这个符号表示"是……的一个元素"，表示单个对象是集合中的一个元素。

$2 \in \{1, 2, 3\}$ $4 \notin \{1, 2, 3\}$

这些符号表示一个集合包含在另一个集合中。较小的集合是它被包含的集合的子集，而较大的集合是它包含的集合的超集。

这些符号有两个版本。下面没有额外线条的符号表示真子集——一个绝对不等于较大集合的子集；当两个集合可能相等时，使用多加一个横线的版本，很像"小于"和"小于或等于"之间的区别（见第105页）。

$\{2,3\} \subset \{1, 2, 3, 4\}$　　$\{A, B, C\} \supset \{A, C\}$

请注意，子集和作为较大集合元素较小集合是不同的，尤其当涉及集合的集合时，例如，可以说 $\{1, 2\} \in \{\{1, 2\}, \{1, 3\}\}$，但是 $\{1, 2\} \not\subset \{\{1, 2\}, \{1, 3\}\}$（其中 ⊄ 符号表示"不是……的子集"）。我们可以说包含集合 $\{1, 2\}$ 的集合（表示为 $\{\{1, 2\}\}$）是 $\{\{1, 2\}, \{1, 3\}\}$ 的子集，但它本身并不是子集。

这个符号表示空集：$\emptyset = \{\}$。

集合可以是有限的也可以是无限的，也就是说一个有限的集合可以把它的元素写在一个列表中，但是无限的集合需要使用一个规则来定义，或者有一个可以可持续表示的模式。整数是常用的无限集合，表示为 $\mathbb{Z} = \{1, 2, 3, 4, \cdots\}$。

有用的知识

数学家格奥尔格·康托尔（Georg Cantor）在1874年写了一篇题为《论全体实代数数的总体性质》（*On a Characteristic Property of All Real Algebraic Numbers*）的论文，阐述了集合论的基本概念。

集合 | 107

组合集

一旦我们定义了集合，就可以用各种方式组合它们。集合的语言和结构可以形式化任何数学陈述，因此集合论是许多数学逻辑和证明的基础。

∪

我们可以通过取并集来组合两个集合，即 $A \cup B$ 包含集合 A 中的所有元素和集合 B 中的所有元素，并忽略任何重复的元素。

{1, 2, 3} ∪ {2, 4, 6} = {1, 2, 3, 4, 6}

∩

两个集合的交集包含两个集合中共同存在的所有元素。

{1, 2, 3} ∩ {2, 4, 6} = {2}

反斜杠表示两个集合的差异。A\B 是包含在 A 中但不包含在 B 内的所有元素（有时读作"没有 B 的 A"）。

$$\{1, 2, 3\} \setminus \{1, 4\} = \{2, 3\}$$

A 和 B 的笛卡尔积，记为 $A \times B$，是有序对 (a, b) 的集合，其中 a 是 A 的一个元素，b 是 B 的一个元素。

$$\{1, 2\} \times \{x, y\} = \{(1, x), (1, y), (2, x), (2, y)\}$$

如果一个集合是一个更大的集合 A 的子集，我们称这个集合与包含它的更大集合之间的差为 B（在 A 中）的补集，记为 B^c。

$P(A)$，有时 P 为手写体，表示 A 的幂集，即包含 A 的所有可能子集（无论大小）的集合。

$$P(\{1, 2\}) = \{\, \{\}, \{1\}, \{2\}, \{1, 2\} \,\}$$

有关集合组合的可视化方法，请参阅第 188 页的维恩图。

$A \triangle B$（有时也记为 $A \ominus B$）表示两个集合的对称差，即恰好不同时属于两个集合的元素集合。

$$\{1, 2, 3\} \triangle \{2, 3, 4\} = \{1, 4\}$$

也可以写成或计算为 $A \triangle B = (A \cup B) \setminus (A \cap B)$。

组合集 | 109

逻辑与证明

数理逻辑是一种用来形式化陈述和定义关系的方法；它包括集合论、证明和数学语言。符号可以描述逻辑陈述，并构造证明。

逻辑中的语句称为"谓词"，可以以不同的方式组合。假设有一组对象，用 x 表示，那么我们可以定义一个谓词 red(x) 来表示 "x 是红色的"。

倒置的 A 符号表示"对于所有"，如 ∀ x red(x)，即表示"对于所有 x，x 是红色的"或"所有对象都是红色的"。

这个符号的意思是"存在"，允许我们做出像 ∃ x red(x) 这样的陈述："存在 x 使得 x 是红色的"，或者"至少有一个红色的物体"。我们用 ∄ 表示"不存在"。

证明

在数学证明中，我们有时会使用符号作为一种速记方法来连接语句或阐明含义。常见的符号包括：

∴ 所以

∵ 因为

↯ 或者 ※

这两个符号用来表示矛盾，意味着先前的假设一定是错误的。

■

QED，或"证明完毕"符号，在证明的尾段写出，以显示证明所需的结论已经完整了。

乙

布尔巴基（Bourbaki，笔名。译者注）在历史上曾用"危险弯曲"这个符号来表示证明的下一步很难进行。

这个符号（有时是～或！）表示"不是"，并否定语句的真值，例如$\forall x \neg \text{red}(x)$，即"对于所有 x，x 不是红色的"或"所有对象都不是红色的"。

这些符号用于逻辑连接和分离，它们代表"与"和"或"。因此，$\forall x (\text{red}(x) \vee \text{blue}(x))$ 表示"对于所有 x，x 是红色的或 x 是蓝色的"，或"所有物体不是红色的就是蓝色的"。

双线箭头表示蕴涵，表明一个陈述在逻辑上蕴涵另一个陈述（若 A，则 B）。$\forall x \text{ red}(x) \Rightarrow \exists x \text{ red}(x)$ 表示"如果所有物体都是红色的，那么至少存在一个红色物体。"如果这种蕴涵是双向的，我们使用一个双头箭头，称为"当且仅当"（⇔）。

$\top$，表示重言式，有时也写为 1 或 T，表示绝对为真；$\bot$，表示矛盾式，有时也写为 0 或 F，表示绝对为假。

逻辑与证明 | 111

数字类型

在数学中，有几种类型的数字是常用的。有些是像计数数字这种人们耳熟能详的，还有的扩展应用到四维空间。表示数字类型的符号通常使用英文字母的"双划线"或"黑板粗体"样式。

N

自然数集是用于计数的正整数，用N表示。自然数不包括0。这是一个可数的无限集合。

Z

整数集记为Z，包括正整数、负整数和0，这是一个可数的无限集合。

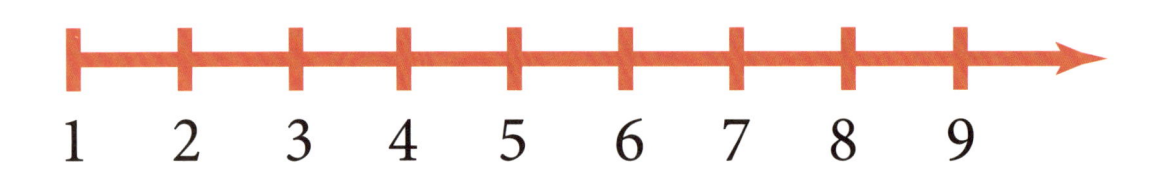

Q

有理数的集合——那些可以表示为分数的数字，用ℚ表示。这包括所有的整数，以及任何可以写成分子和分母都是整数的分数。这是一个可数的无限集合。

ℂ

复数的集合表示为ℂ。复数是实数在二维平面上的延伸，使用复数单位 i（见第30页）。每个数字都有一个实部（只是一个实数）和一个虚部（一个实数乘以 i）。

ℂ中的数字是 $a+bi$ 的形式，其中 a 和 b 是实数。它们可以像实数一样相加、相乘，遵循 $i^2=-1$ 的规则。例如：

（2+3i）+（4−5i）=2+4+3i−5i=6−2i
（3+4i）×（1+i）=3+4i+3i+4i^2=3+7i−4=7i−1

有些方程，例如 $x^2+1=0$，在实数中无解，但可以在复数平面上求解。复数广泛应用于工程、物理和电气工程。

ℝ

ℝ用于表示实数的集合。实数位于一条无限长的数轴上，包括整数、分数以及介于两者之间的所有其他数。ℝ是无穷多数字的无限集合，任何有限长度上的点也都是无限集合，例如（0，1）。

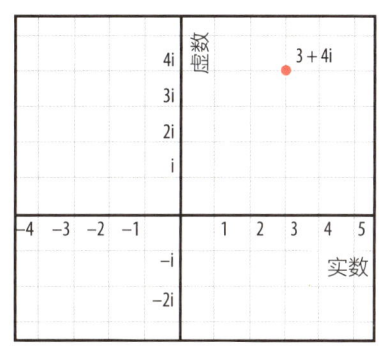

▲ 复平面是二维的，横轴是实数，纵轴是虚数（i 的倍数）。

ℍ

四元数用ℍ表示，表示将实线延伸到四维空间的另一种方式。三个基本四元数是 i、j 和 k。四元数以 $a+bi+cj+dk$ 的形式书写，规则为 $i^2=j^2=k^2=ijk=-1$。由此，我们可以推导出其他规则，例如 ij=k 和 ji=-k。四元数可用于三维空间旋转的计算，例如计算机图形学或结晶学。有关四元数的更多信息，请见第208页。

数字类型 | 113

统计学

统计学是收集和解释数据的科学，帮助人们通过研究小群体，进而将得出的结论应用于更大的群体。统计学在科学实验中用于分析实验结果。它有自己的专业符号和标记。

$$\mu$$

$$\sigma$$

希腊字母 μ 用于表示一组数据的平均值，计算方法是将数据集中的所有值相加，然后除以数值的数量。2、3、3、4、8 和 10 这组数的平均值是这些值的总和（2+3+3+4+8+10=30）除以值的个数（6），所以平均值是 30÷6=5。

平均值表示数据集的"中心"，尽管数据可能包含远离平均值的极值。如果是一个较大总体的样本数据，则平均值表示为 $\bar{x}$，以区别于整个总体的"真实平均值"。

希腊字母 σ 用于表示一组数据的标准差。它的计算方法是所有数减去其平均值的平方和，所得结果除以该组数的个数，再把所得值开根号。例如，对下表的数据集：

该集合的标准差为 $\sqrt{8.66}$，约等于

值	与平均值之差	该值的平方
2	3	9
3	2	4
3	2	4
4	1	1
8	3	9
10	5	25

与平均值之差的平方和：52
与平均值之差平方和的平均值：52÷6 ≈ 8.66
标准差：$\sqrt{8.66}$ ≈ 2.94

2.94。标准差反映了数据集中数据的离散程度。如果这些值聚集在平均值附近，则标准差就小，反之则大。

与均值一样，我们需要区分数据集的真实标准差 σ 和样本集的标准差，后者通常用小写字母 s 表示。

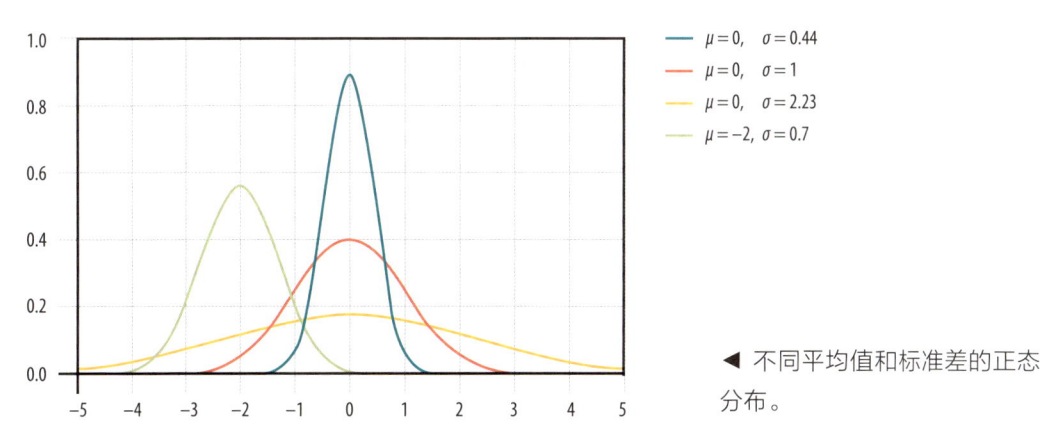

$$N(\mu, \sigma^2)$$

- $\mu = 0, \quad \sigma = 0.44$
- $\mu = 0, \quad \sigma = 1$
- $\mu = 0, \quad \sigma = 2.23$
- $\mu = -2, \sigma = 0.7$

◂ 不同平均值和标准差的正态分布。

正态分布用大写字母 N 的手写体表示，它显示了数据集中的期望值分布情况。包括一些自然量在内的许多类型的数据都遵循这种分布，如人体的身高或血压，或树皮的厚度。随机过程也遵循正态分布，如粒子在扩散中的位置。正态分布可用于进行统计预测。

将正态分布绘制出来会得到一个钟形曲线。平均值决定峰值的位置，标准差决定了线下的面积。

在上图中用红色粗线显示的标准正态分布中，$\mu=0$ 和 $\sigma=1$。

统计学 | 115

几何学

几何学是对形状的研究，是数学最古老的分支之一。几何学中的基本概念是点、线、平面、长度和角度，有专门的符号表示这些几何结构和几何对象。

这个符号表示一个三角形，后面通常跟三角形角的三个点。由点 A、B 和 C 连接而成的三角形表示为 △ ABC。

点 A 和 B 之间的线表示为直线 $\overline{AB}$。这条线的长度可以表示成 AB。

角度可以由三个点来定义：角所在的点，以及直线上从顶点向外延伸的两个点。例如，如果一条直线从 A 到 B，转过一个角度，然后继续到 C，则表示为 ∠ ABC 或 B̂（B 带有抑扬符）。

这两个符号可以用来表示两条垂直（彼此成直角）或平行的线。我们说 $\overline{AB} \perp \overline{CD}$ 表示 A 和 B 之间的直线垂直于 C 和 D 之间的直线，$\overline{AB} \mathbin{/\mkern-5mu/} \overline{CD}$ 表示这两条线平行。

一个小的上标圆，除了是温度标尺上的度数符号外，还可以表示角度。一整圈有 360°，直角是 90°。

度数不是数学中测量角度的标准方法，角度的 SI 单位是弧度，用 rad 表示，有时也用上标 c 符号（^{c}）表示。

1 弧度被定义为长度等于半径的弧所对应的圆心角。π^c 的度数是 180°，圆的度数是 $2\pi^c$。

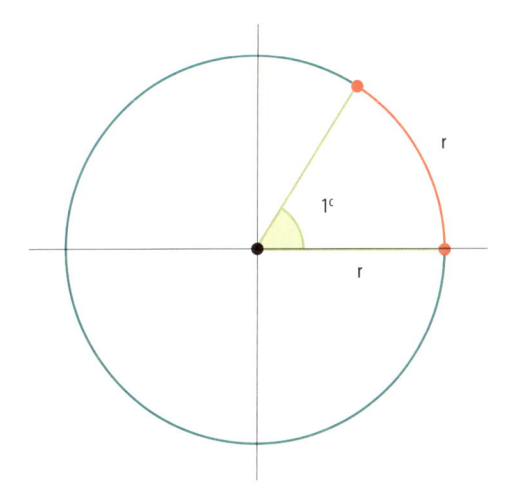

▲ 1 弧度是长度等于半径的弧对应的圆心角。

这个符号及其变体表示一个直角（90°，或 $\frac{\pi^c}{2}$）。

这个符号在几何中用来表示两个形状全等（它们具有相同的形状和大小）。类似于同构符号（见第 104 页）。

波浪号（~）在几何中用于表示两个形状相似；它们形状相同，但大小不同。要使两个形状相似，缩放比例必须在所有方向上保持一致。

微积分

微积分是对变化的数学研究，广泛应用在数学、物理和工程中，以对物理系统进行理解并建模。微积分有两个基本操作：微分，求出过程的速率；相反的过程则称为积分。

微积分的概念是在大约同一时间由多个思想家独立发展起来的，包括艾萨克·牛顿（Isaac Newton）、约瑟夫-路易斯·拉格朗日（Joseph-Louis Lagrange）、莱昂哈德·欧拉（Leonhard Euler）和格特弗里德·莱布尼茨（Gottfried Leibniz）。因此，有多个版本的符号，应用于不同的地方和背景。

微分

给定一个函数 f，它的导数给出了该函数在每个点的变化率，在函数图上可以理解为该点切线的斜率。

▼ 某一点的导数是该点切线的斜率，切线恰好与曲线相切于该点。

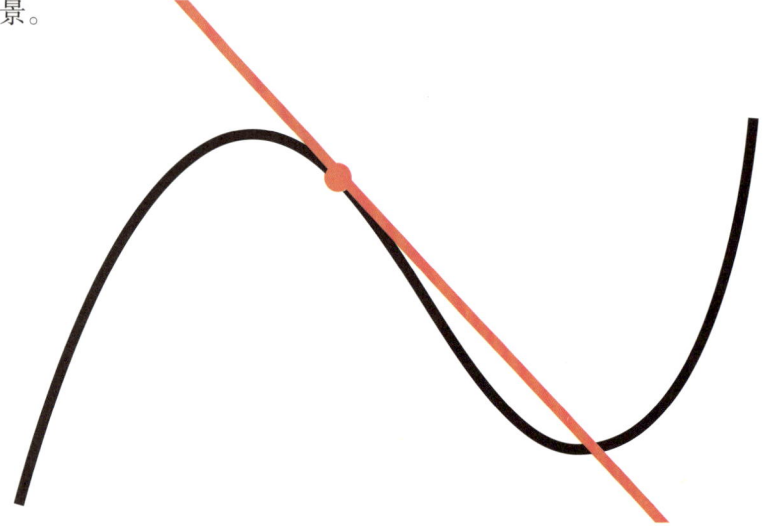

$$f'(x) \quad \mathrm{d}f/\mathrm{d}x \quad \dot{f}(x) \quad \mathrm{D}f(x)$$

对于函数 $f(x)$，可以用多种方式表示其导数：

符号	读法	发明者	高阶导数	应用
$f'(x)$	"f 撇"	拉格朗日	书写时有多个撇号，如 f''、f'''	最常用的符号之一，最终记为 $f^{(n)}(x)$
$\mathrm{d}f/\mathrm{d}x$	"$\mathrm{d}f$ 除以 $\mathrm{d}x$"	莱布尼茨	书写时将d与x升幂，如 $\mathrm{d}^2f/\mathrm{d}x^2$，以此类推	允许指定被微分的变量，这对于处理多变量函数时的偏微分很有用，用于仅寻找一个方向上的斜率
$\dot{f}(x)$	"f 点"	牛顿	书写时加上更多的点，如 $\ddot{f}(x)$，以此类推	当 f 是表示时间的函数时，通常使用这种符号，例如在物理系统建模中
$\mathrm{D}f(x)$	"$\mathrm{D}f$"	欧拉	书写时将D升幂，如 $\mathrm{D}^2f(x)$，以此类推	陈述和解决线性微分方程最有帮助，因为它把微分作为一个运算符

对于单一变量的简单多项式函数，微分可以通过取该项的幂次乘以系数，然后将幂数减去 1 来计算：

$$f(x) = 3x^4 \Rightarrow \frac{\mathrm{d}f}{\mathrm{d}x} = 12x^3$$

这可以逐项地应用，所以如果函数由 x 的多个幂的和组成：

$$f(x) = ax^m + cx^n \Rightarrow \frac{\mathrm{d}f}{\mathrm{d}x} = amx^{m-1} + cnx^{n-1}$$

如果某项的 x 次幂已经为 0（常数项），则微分后该项就消失了。这个过程可以通过一组规则和方法扩展到任何可微函数，包括非多项式函数。

积分

微分的反过程是积分，有时称为反微分。一个函数在一对极限之间的积分给出了该函数在这两个极限之间的图形面积。

积分的标准符号是一个拉长的 S，由莱布尼茨提出，放在函数之前，S 后面表示积分变量：

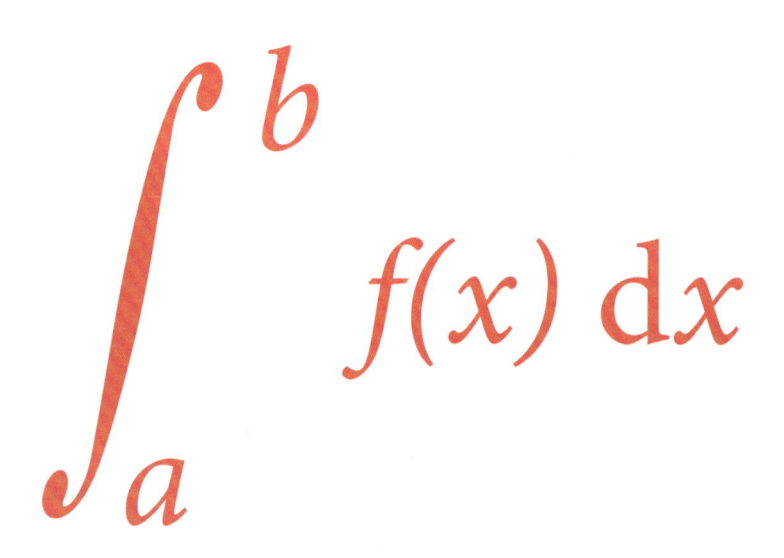

$$\int_a^b f(x)\,dx$$

本质上，积分可以被认为是将曲线下方的区域分成垂直条带，并测量每个条带的中心曲线的高度，然后通过将所有这些矩形的面积相加来求出图形面积。通过对面积分成无限多个零宽度的矩形积分，从而得到精确的面积。

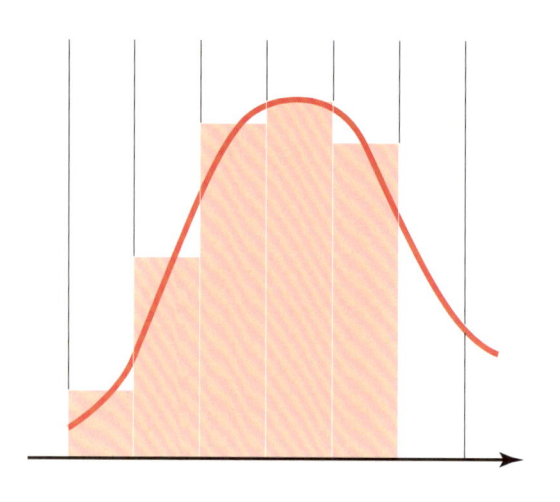

在这里，我们看到 f(x) 相对于 x 的积分，在 a 和 b 之间求值，它对应于下图中的阴影区域。

莱布尼茨和拉格朗日都使用了这种表示法，拉格朗日的表示法还适用于括号中是负幂，如 $f^{(-1)}(x)$ 等。欧拉使用 D 的负幂表示积分，即 $D^{-1}f(x)$

▼ f(x) 在 a 和 b 之间对 x 的积分就是曲线下的阴影区域。

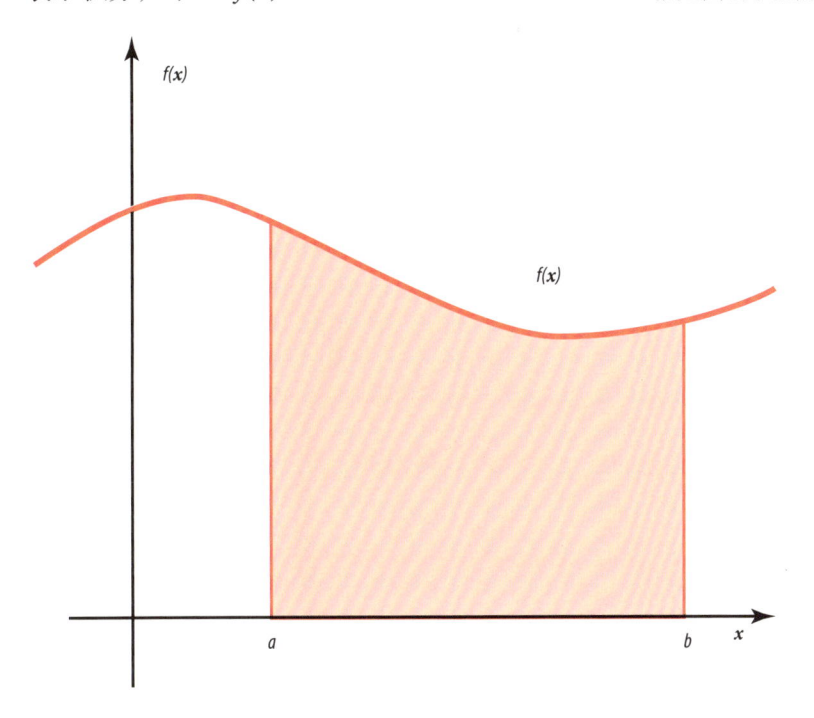

牛顿使用他自己的积分符号，在函数上方用一个撇号代替一个点，但这并没有被广泛使用。

$$\acute{f}(x)$$

类似于微分，积分只是简单地被定义为一个多项式函数，即在幂上加 1，然后用系数除以新的幂。在大多数情况下添加一个常数（C）也很重要，因为任何常数项在微分时都会消失。

$$\int 6x^2 \, dx = 2x^3 + C$$

微积分 | 121

矩阵

矩阵是数学中的一个重要结构。矩阵是按行和列排列的数字网格，使用一些标准符号书写，可以表示数学对象、变换或结构，在数学中广泛应用。

$$A = \begin{pmatrix} a_{11} & a_{12} & \cdots & a_{1n} \\ a_{21} & a_{22} & \cdots & a_{2n} \\ \vdots & \vdots & \ddots & \vdots \\ a_{m1} & a_{m2} & \cdots & a_{mn} \end{pmatrix}$$

矩阵剖析

矩阵由行和列中的数字组成，外边有一对方括号或圆括号。一个有 m 行和 n 列的矩阵称为 m 乘以 n（或 $m \times n$）矩阵，条目以其行号和列号表示，通常使用 i 和 j 来表示。

通常用字母 M 和 A 表示矩阵，矩阵 M 中的条目表示为 $m[i, j]$ 或 m_{ij}。矩阵 M 的第三行第二列中的条目写为 $m_{3,2}$（添加逗号以明确两个单独的数字）。

通过将每一对条目的相加来实现相同大小矩阵的相加。通过将每个条目乘以 n，矩阵可以以实数 n 进行缩放。两个矩阵 A 和 B 的乘积表示为 AB，矩阵乘法定义如下（对于 2×2 矩阵）：

$$\begin{pmatrix} a & b \\ c & d \end{pmatrix} \begin{pmatrix} e & f \\ g & h \end{pmatrix} = \begin{pmatrix} ae+bg & af+bh \\ ce+dg & cf+dh \end{pmatrix}$$

为了得到第 n 行第 m 列的值，将第一个矩阵的第 n 行的值与第二个矩阵的第 m 列组合。例如，在这种 2×2 的例子中，为了得到第一行和第一列中的值，需要将第一个矩阵第一行（a, b）与第二个矩阵第一列（e, g）组合以获得 $ae+bg$。

若要进行矩阵乘法，第一个矩阵中的行数必须等于第二个矩阵中的列数。

矩阵乘法是不可交换的，这意味着两个矩阵相乘的顺序很重要；对于两个矩阵 A 和 B，一般 $AB \neq BA$。

矩阵的类型

如果一个矩阵只有一行或一列,则称之为向量。一个 m 乘 1 的矩阵是一个列向量,一个 1 乘 n 的矩阵是一个行向量。有关向量的更多信息,请见第 126 页。

$$\begin{pmatrix} 2 & 7 & 2 \end{pmatrix} \quad \begin{pmatrix} 4 \\ 1 \\ 8 \end{pmatrix}$$

如果一个 m 乘 n 的矩阵符合 $m=n$,则它叫作方块矩阵,简称方阵。

$$I_n$$

大写的 I,有时用带有下标的数字表示大小,表示单位矩阵,它由对角线上带有一个零的矩阵组成。这与实数中数字 1 的作用相同,因此 $MI=IM=M$。

$$I_2 = \begin{pmatrix} 1 & 0 \\ 0 & 1 \end{pmatrix}$$

$$M^T$$

$n \times m$ 矩阵 M 的转置,表示为 M^T,它是通过将矩阵 M 的行写为列而得到的矩阵,得到 $m \times n$ 矩阵。

$$\begin{pmatrix} 4 & 1 & 8 \\ 0 & -6 & 7 \end{pmatrix}^T = \begin{pmatrix} 4 & 0 \\ 1 & -6 \\ 8 & 7 \end{pmatrix}$$

矩阵的性质

$$\det(A)$$

矩阵的行列式表示为 $\det(A)$,它是与特定矩阵(也就是方阵)相关联的数字,通过以下公式计算(对于 2×2 矩阵):

$$\det \begin{pmatrix} a & b \\ c & d \end{pmatrix} = ad - bc$$

这个定义可以扩展到更大的矩阵。

$$M^{-1}$$

方阵 M 的逆矩阵,表示为 M^{-1},它右乘原矩阵后将得到单位矩阵,即 $MM^{-1}=I$。对于 2×2 矩阵 A,我们有:

$$A = \begin{pmatrix} a & b \\ c & d \end{pmatrix} \Rightarrow A^{-1} = \frac{1}{\det(A)} \begin{pmatrix} d & -b \\ -c & a \end{pmatrix}$$

该方法可以推广到更大的方阵。只有当矩阵的行列式不为零时,矩阵的逆矩阵才有意义,否则 $1/\det(A)$ 将不存在有意义的值。

几何变换中的矩阵

给定 n 维空间中的一个点，将其写为一个 n×1 的列向量，它可以在左边乘以一个矩阵，从而对该点进行变换。

例如，如果我们将矩阵 M= $\begin{pmatrix} 2 & 0 \\ 0 & 2 \end{pmatrix}$ 应用于二维空间中的点 p= $\begin{pmatrix} 1 \\ 2 \end{pmatrix}$，则结果如下：

$$\begin{pmatrix} 2 & 0 \\ 0 & 2 \end{pmatrix} \begin{pmatrix} 1 \\ 2 \end{pmatrix} = \begin{pmatrix} 2 \\ 4 \end{pmatrix}$$

矩阵 M 放大平面，将每个点离原点的距离加倍，得到点 $\begin{pmatrix} 2 \\ 4 \end{pmatrix}$。

可以使用矩阵定义更复杂的变换，包括拉伸和剪切。右图中显示的变换是由这个矩阵创建的：

$$\begin{pmatrix} 2 & 1 \\ 1 & 1 \end{pmatrix}$$

特征值和特征向量

特征值和特征向量是与矩阵相关的概念，描述如何进行几何变换。特征向量给出了矩阵在两个主要方向的拉伸效果，如下图所示；由希腊字母 λ 表示的特征值表明它在这两个方向上伸展的距离。

矩阵 $\begin{pmatrix} 2 & 1 \\ 1 & 1 \end{pmatrix}$ 的特征值为 $\frac{1}{2}(3 \pm \sqrt{5})$——大约为 2.61803（指向上和向右方向）和 0.381966（指向下和向右方向）。小于 1 的值表示是压缩。

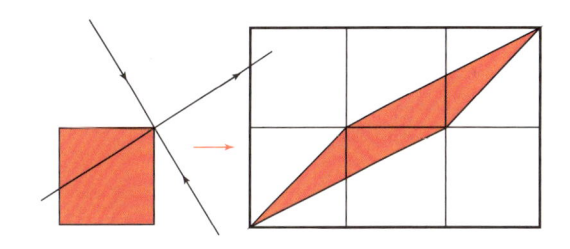

矩阵 | 125

向量

向量是数学和物理学中的一个重要概念。向量就像 n 维空间中的箭头，给定长度，指向某一方向。向量有不同的写法和组合方式。

$$(1, 0, 0) \quad \begin{pmatrix} 1 \\ 2 \end{pmatrix} \qquad \hat{v}$$

向量符号

向量可以通过简单地按常规顺序列出它们在每个坐标方向上的移动量来描述。它们可以写成单行或单列，这取决于其应用场合，向量中的条目数与空间的维数相匹配。

一个脱字符号，叫作"帽子"，用来表示一个单位向量，即长度为1的向量：

$$\hat{i} = (1, 0, 0) \quad \hat{j} = (0, 1, 0) \quad \hat{k} = (0, 0, 1)$$

在三维空间中，沿着三个坐标轴指向的单位向量称为基向量，它们都不是其他任何向量的倍数，所有其他向量都可以表示为它们的组合。例如，$(2, 3, 0) = 2\hat{i} + 3\hat{j}$。

$$\boldsymbol{V} \qquad \vec{v} \qquad \underline{V}$$

为了表明一个字母代表一个向量，惯例上用粗体字排版，或者在字符上方使用一个箭头。在手写时，使用下划线来表示向量也很常见。

$$\vec{0}$$

零向量的值为 $(0, 0, \cdots, 0)$，表示无移动。

向量运算

$$a\vec{u}$$

当我们使用向量时，单个实数值称为标量，并且可以通过使用标量乘法将它与向量结合，即将向量中的每个条目乘以标量。

$$\langle \vec{u}, \vec{v} \rangle = \vec{u} \cdot \vec{v}$$

两个向量的内积（也称为点积）得到的标量值，表示两个向量指向同一方向的程度；如果两个向量互成直角，则它们的内积将为零。

内积的运算过程是，将两个向量中的每对元素相乘，然后将结果相加：

（1，2，3）·（4，5，6）=（1×4）+（2×5）+（3×6）=22

$$\vec{u} \times \vec{v} \quad \vec{u} \wedge \vec{v}$$

三维空间中两个向量的叉积是一个向量，它垂直于这两个向量（也就是垂直于两个向量定义的平面），其长度等于两个向量形成的平行四边形的面积，即这两个向量长度的乘积。

在物理学中，对于三维以上的向量，用"楔形"乘积符号（有时称为外积）来代替 ×。

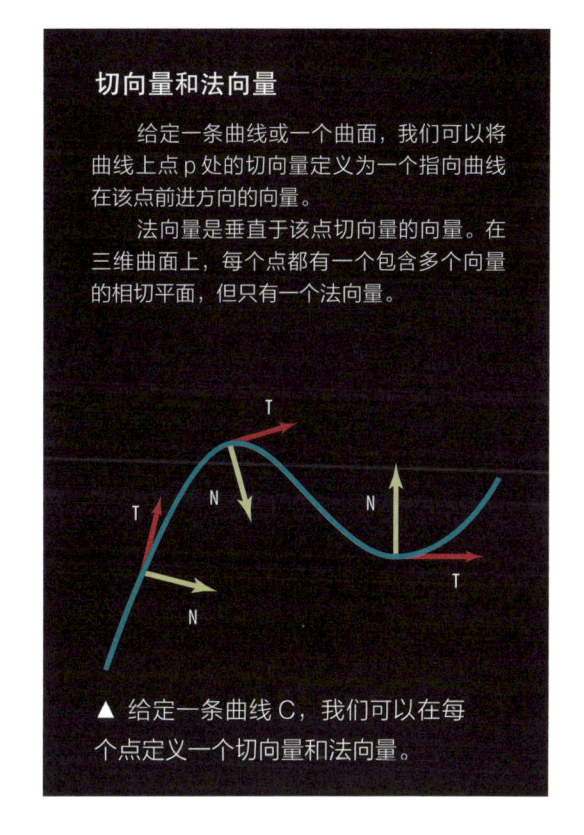

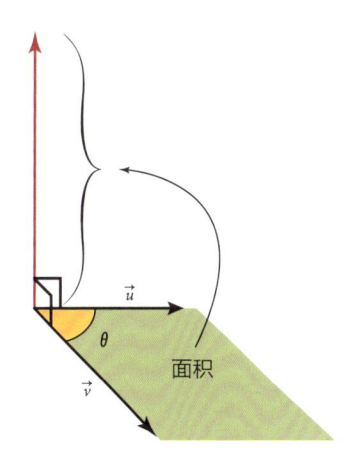

切向量和法向量

给定一条曲线或一个曲面，我们可以将曲线上点 p 处的切向量定义为一个指向曲线在该点前进方向的向量。

法向量是垂直于该点切向量的向量。在三维曲面上，每个点都有一个包含多个向量的相切平面，但只有一个法向量。

▲ 给定一条曲线 C，我们可以在每个点定义一个切向量和法向量。

▲ 向量积（也称楔形积或两个向量的外积）。

运算顺序

在算术中，在同一个计算中应用多个数学运算符号是很常见的，例如，当其中有相加又有相乘时。运算的顺序须遵循有关规定，这些规定是使用各种不同的符号定义的。

运算

下面列出了最常见的运算以及用于表示它们的符号。

加法	A
乘法	M
减法	S
除法	D
指数运算	E，O（"阶"），或者I（"指数"）
括号	B或P（"括号"）

有了这些符号，运算顺序就可以用首字母缩略词来表示，在不同的英语国家有不同的规定：

PEMDAS（括号、指数运算、乘法、除法、加法、减法）适用于：美国。

BEDMAS（括号、指数运算、除法、乘法、加法、减法）适用于：加拿大和新西兰。

BODMAS（括号、指数、除法、乘法、加法、减法）和 BIDMAS（括号、指数、除法、乘法、加法、减法）适用于：英国、巴基斯坦、印度、孟加拉国、澳大利亚、尼日利亚和西非。

上述首字母缩写规定了这些运算的优先顺序。任何情况下都需要首先计算括号内的运算，然后计算括号外的结果。做完括号内运算，下一步是做指数运算等计算。

虽然上述顺序中除法和乘法的顺序各异，但通常这两种运算应同时考虑，加法和减法也是如此，因此，严格说来，运算顺序可写为 PE（MD）（AS）。如果加法和减法运算都包含在计算中，它们应该从左到右进行。因此，2+3-4运算顺序为（2+3）-4=1，而不是2+（3-4）=1。同样，在乘法和除法出现的地方，也应该从左到右进行。注意，在运算中要先计算除法或乘法再计算加法和减法。

例如，计算2+3×5，是（2+3）×5=5×5=25还是2+（3×5）=2+15=17，根据运算顺序规定是后者，因为乘法优先于加法（它"绑定得更紧密"）。在高等数学中，很少运用这些规定，因为所有表达式都用括号表示，以便消除歧义。

$$36 \div 6 \times 3 + 2^2 - (3+5)$$

$= 36 \div 6 \times 3 + 2^2 - 8$	括号：（3+5）
$= 36 \div 6 \times 3 + 4 - 8$	指数运算：2^2
$= 6 \times 3 + 4 - 8$	除法：36÷6
$= 18 + 4 - 8$	乘法：6×3
$= 22 - 8$	加法：18+4
$= 14$	减法：22-8

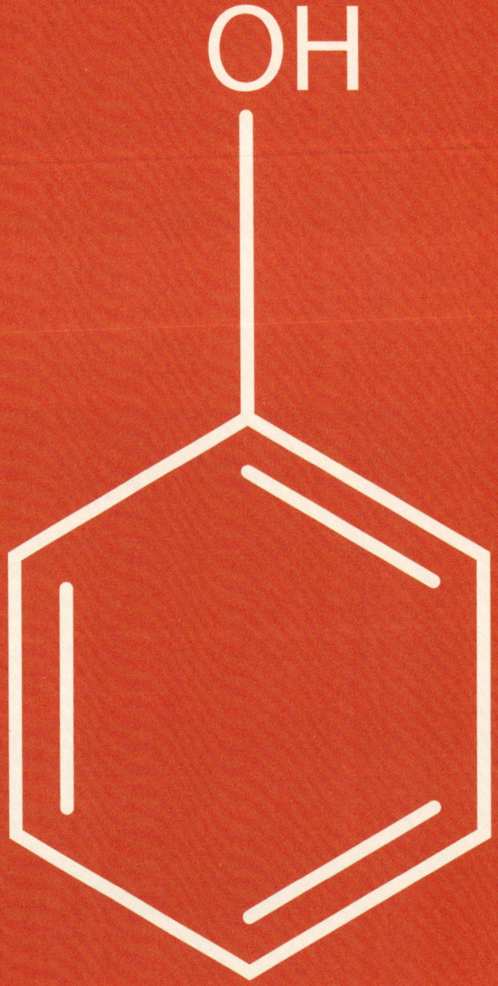
OH

科学符号

科学家广泛使用符号来记录、解释和交流他们的成果和发现。在化学中，符号用来表示化学元素、描述反应过程；在生物学中，生命的基本组成部分可以用符号表示；物理学利用符号编写方程，模拟宇宙的运行和组合的方式。符号也用于计算机科学和电子学，还有各种类型的符号、图表和速记法也用于其他科学领域。

化学

　　化学是对"物质"的研究，化学家寻求理解客观物质的性质和行为。化学品、常用材料、原子、元素——所有这些都是"物质"，人们对其定义、分类、探索和开发，以创造激动人心的新材料。

　　化学家使用符号与其他科学家交流。也许化学中最著名的符号是元素周期表中使用的拉丁字母（见第134页），对每个已知元素都根据其原子核中的质子量、物理性质以及与其他元素的反应性进行分类。

　　当化学家将不同的元素、分子混合在一起时，它们就会发生反应。箭头和元素符号一起用来构建描述新物质形成的化学方程式。拉丁字母和希腊字母，与上标和下标一起使用，描述所涉及的元素和反应的其他性质（见第136页）。

　　实验是在实验室中进行的，使用的设备有烧杯、烧瓶和本生灯等。科学家能通过国际公认的设备符号理解和重现他们在期刊或教科书中看到的实验（见第138页）。

　　实验室可能是一个危险的地方，有着毒化品、放射元素、爆炸和其他危险。联合国制定了标准的危险符号，警告人们使用某些物质的相关风险（见第140页），以确保人们在处理或运输危险品时使用正确安全的程序。

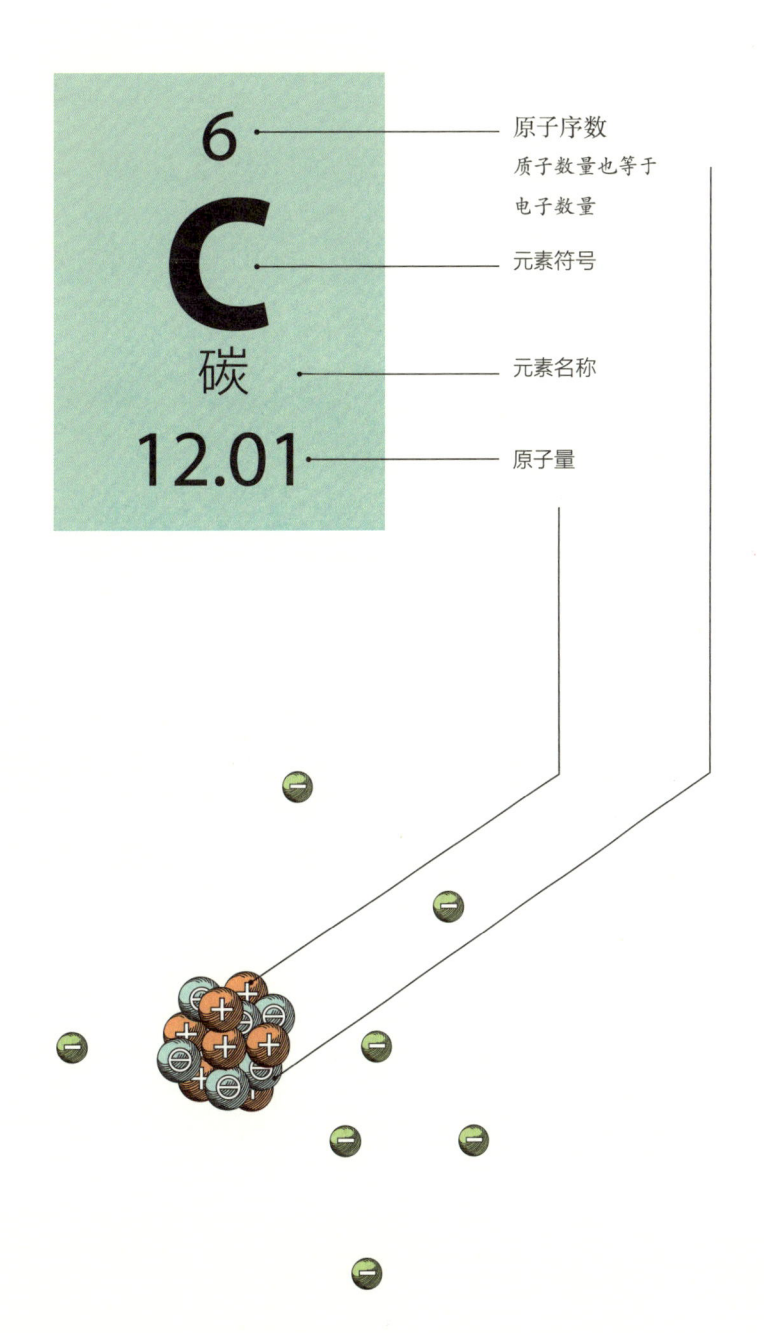

6	原子序数 质子数量也等于电子数量
C	元素符号
碳	元素名称
12.01	原子量

化学 | 133

元素周期表

宇宙中的每一种物质都是由元素构成的。迄今为止，化学家和物理学家已经发现了118种元素。在元素周期表中，元素按原子序数排列，在其中能看到化学元素属性的周期性变化。

在元素周期表中，元素是按原子序数排列的：原子序数是一个元素所含的质子数，通常标注在元素上方。有时元素还标注有第二个数字，这个数字可能不是整数——这是原子量，即这种元素的 6.022×10^{23} 个原子的重量（参见阿伏伽德罗常数，第40页）。

每个元素都有一个元素名，由一个或两个字母构成的符号表示。例如，氧是O，碳是C，镁是Mg。这个缩写可能来自元素的英语、拉丁语或希腊语名称。例如，钠是Natrium中的Na，铅是Plumbum中的Pb。

一些新元素曾被赋予三个字母的符号，这是根据它们的原子序数按照系统命名法起的临时名称。例如，Ununbium（Uub）是112号元素的原名，该元素于1996年被发现，但在2010年以哥白尼为其命名，符号为Cn，中文名"鎶"。

在元素周期表中，元素以两种方式排列，首先是按质量：从左到右，原子序数（和质量）增加。其次，元素被划分成"族"：具有相似化学性质的元素位于同一列，例如金属或非金属，或具有相似的属性。

元素周期表

族→	1	2	3	4	5	6	7	8	9	10	11	12	13	14	15	16	17	18
1	1 H 氢 1.0																	2 He 氦 4.0
2	3 Li 锂 6.9	4 Be 铍 9.0											5 B 硼 10.8	6 C 碳 12.0	7 N 氮 14.0	8 O 氧 15.9	9 F 氟 18.9	10 Ne 氖 20.1
3	11 Na 钠 22.9	12 Mg 镁 24.3											13 Al 铝 26.9	14 Si 硅 28.0	15 P 磷 30.9	16 S 硫 32.0	17 Cl 氯 35.4	18 Ar 氩 39.9
4	19 K 钾 39.0	20 Ca 钙 40.0	21 Sc 钪 44.9	22 Ti 钛 47.8	23 V 钒 50.9	24 Cr 铬 51.9	25 Mn 锰 54.9	26 Fe 铁 55.8	27 Co 钴 58.9	28 Ni 镍 58.6	29 Cu 铜 63.5	30 Zn 锌 65.3	31 Ga 镓 69.7	32 Ge 锗 72.6	33 As 砷 74.9	34 Se 硒 78.9	35 Br 溴 79.9	36 Kr 氪 83.7
5	37 Rb 铷 85.4	38 Sr 锶 87.6	39 Y 钇 88.9	40 Zr 锆 91.2	41 Nb 铌 92.9	42 Mo 钼 95.9	43 Tc 锝 98	44 Ru 钌 101.0	45 Rh 铑 102.9	46 Pd 钯 106.42	47 Ag 银 107.8	48 Cd 镉 112.4	49 In 铟 114.8	50 Sn 锡 118.7	51 Sb 锑 121.7	52 Te 碲 127.6	53 I 碘 126.9	54 Xe 氙 131.2
6	55 Cs 铯 132.9	56 Ba 钡 137.3	57 La 镧 138.9	72 Hf 铪 178.4	73 Ta 钽 180.9	74 W 钨 183.8	75 Re 铼 186.2	76 Os 锇 190.2	77 Ir 铱 192.2	78 Pt 铂 195.0	79 Au 金 196.9	80 Hg 汞 200.5	81 Tl 铊 204.3	82 Pb 铅 207.2	83 Bi 铋 208.9	84 Po 钋 209	85 At 砹 210	86 Rn 氡 222
7	87 Fr 钫 223.0	88 Ra 镭 226.0	89 Ac 锕 227	104 Rf 𬬻 261	105 Db 𨧀 262	106 Sg 𨭎 269	107 Bh 𬭛 264	108 Hs 𬭳 269	109 Mt 鿏 278	110 Ds 鐽 281	111 Rg 錀 282	112 Cn 鎶 285	113 Nh 鉨 286	114 Fl 鈇 289	115 Mc 镆 289	116 Lv 鉝 293	117 Ts 鿬 294	118 Og 鿫 294

镧系元素:

58 Ce 铈 140.1	59 Pr 镨 140.9	60 Nd 钕 144.2	61 Pm 钷 145	62 Sm 钐 150.3	63 Eu 铕 151.9	64 Gd 钆 157.2	65 Tb 铽 158.9	66 Dy 镝 162.5	67 Ho 钬 164.9	68 Er 铒 167.2	69 Tm 铥 168.9	70 Yb 镱 173.0	71 Lu 镥 174.9

锕系元素:

90 Th 钍 232	91 Pa 镤 231.0	92 U 铀 238.0	93 Np 镎 237.0	94 Pu 钚 244	95 Am 镅 243	96 Cm 锔 247	97 Bk 锫 247	98 Cf 锎 251	99 Es 锿 252	100 Fm 镄 257	101 Md 钔 258	102 No 锘 259	103 Lr 铹 262

图例: 碱金属 | 碱土金属 | 过渡金属 | 后过渡金属 | 半金属 | 活性非金属 | 卤族元素 | 惰性气体 | 镧系元素 | 锕系元素

化学方程式

化学方程式不同于数学方程式,它使用特定的符号和记号来描述反应是如何发生的。这里,我们来看一个简单的例子:纸的燃烧。

$$C_6H_{12}O_{6(s)} + 6O_{2(g)} \xrightarrow{\Delta} 6CO_{2(g)} + 5H_2O_{(l)}$$

这个等式是这样解读的:

纸加上氧气在加热的情况下变成二氧化碳气体和液态水。

纸是由一种叫作纤维素的化学物质制成的,纤维素由碳(C)、氢(H)和氧(O)三种元素组成,放在一起就是$C_6H_{12}O_6$。水是H_2O,二氧化碳是CO_2。

除了化学式外,这个方程还提供了很多其他信息。在左手边是反应的成分,称为反应物;在右手边,箭头之后,是产物。

化学物质分子式前的数字表示反应所需的分子总数,所以在上述化学方程式中,每一个纤维素分子,需要6个氧分子。分子式后的字母描述了化学物质处于什么状态:s代表固体,l代表液体,g代表气体。箭头表示反应的方向。当我们烧纸时,这是一个单向的过程,这就是为什么箭头只朝一个方向。在某些反应中,我们使用双箭头(见对面页)。

箭头上方和下方的区域可用于指示反应进行所需的其他条件。例如,对于烧纸,你需要火(或者科学地说,这里用Δ符号表示加热)。其他时候,它可能表示使用了催化剂(一种加速反应但不被消耗的物质),或者是描述反应速度的数学符号。化学方程式中常用符号的分类如下图所示。

符号	说明	符号	说明
$+$	将一种反应物（或产物）与另一种反应物（或产物）间隔开	$\uparrow$	气态物质的另一种表示方法
$\longrightarrow$	用于单向反应，将产物和反应物分隔开	(s)	表明该物质处于固态
$\rightleftharpoons$	有时反应可以双向进行；这个符号称作平衡箭头	$\downarrow$	固态物质的另一种表示方法
$\rightleftharpoons$	这是一种不平衡的平衡：反应主要倾向一侧进行，但有时也会向相反的方向进行	(aq)	表明该物质溶于水——"aq"是"aqueous"（含水的）的简写
(g)	表明该物质处于气态	$\xrightarrow{\Delta}$	表明加热使反应进行

化学方程式 | 137

实验室设备

实验室里的实验需要复杂的仪器，且仪器要以精确的方式组装以确保一切正常。为了保持一致性，用简单的线条图（下页图）表示常见的设备，以便快速理解和描述物理装置。

1. 烧杯是一种宽边、顶部开口的容器，用于混合化学溶液。这个符号可以代表任何大小的烧杯，从5毫升到20升或更多。

2. 试管是一种用于小型实验的窄玻璃管。宽一点的管子叫作沸腾管。

3. 锥形烧瓶由玻璃制成，下宽上窄。它经常用于滴定实验，或者在培养箱中培养细胞。

4. 三脚架是一个金属丝架，上面可以放烧杯或其他平底烧瓶。本生灯一般放在三脚架下面用于点燃加热。

5. 本生灯用于加热液体和固体。它的符号有时被简化为一个指向上方的箭头，箭头下方有"HEAT"字样。

6. 蒸发皿的宽边使得热溶液中的蒸汽很容易蒸发，只留下固体沉淀物以供进一步研究。

7. 量筒是一种又高又细的管子，上面标有刻度（通常以毫升为单位），表示溶液的体积。它不是很精准，因此需要精确数量时，一般不使用它。

8. 容量瓶的底部是平的，侧面标有一条线。当在烧瓶中注入溶液，溶液的弯液面刚好接触到这条线，就可以非常精确地混合一定体积和浓度的溶液。

9. 有机化学实验室中，通常情况下圆底烧瓶允许使用热源（如油浴或电加热元件）加热。

10. 有机化学实验中长时间地加热溶液，冷凝器用于收集和冷却从容器（如圆底烧瓶）中上升的蒸汽，然后让它滴回烧瓶中，以免变干。它也可以在蒸馏过程中用来冷凝热蒸汽。

11. 铁架台与夹子一起使用，将物品悬挂在半空中，便于用本生灯加热，或者在圆底烧瓶上安装冷凝器。

12. 漏斗用于将大量液体或自由流动的固体倒入窄颈容器中。如果插入一张滤纸，它可以用来在重力作用下过滤含有颗粒的溶液。

13. 布氏漏斗提供了一种更有效的过滤方式。将一张滤纸，或有时是一些沙子放入漏斗中。然后通过施加真空来过滤液体，真空将液体抽出，但固体颗粒会滞留在过滤器上。它通常与侧臂烧瓶结合使用。

14. 侧臂烧瓶是一个侧面有小开口的锥形瓶。可以在这个侧开口施加真空，帮助在过滤时抽出溶液，或者它可以用作液体"真空吸尘器"，从试管和烧瓶中收集多余的液体。

15. 混合符号可以画在烧瓶符号里面，表示里面的溶液需要机械混合。对于简单的非黏性溶液，可以使用磁性搅拌棒蚤（小型塑料涂层磁铁）来代替。

16. 色谱柱用于分离和纯化溶液中不同分子的混合物，原理是利用它们的性质差异，例如大小、电荷或它们在水中的表现。

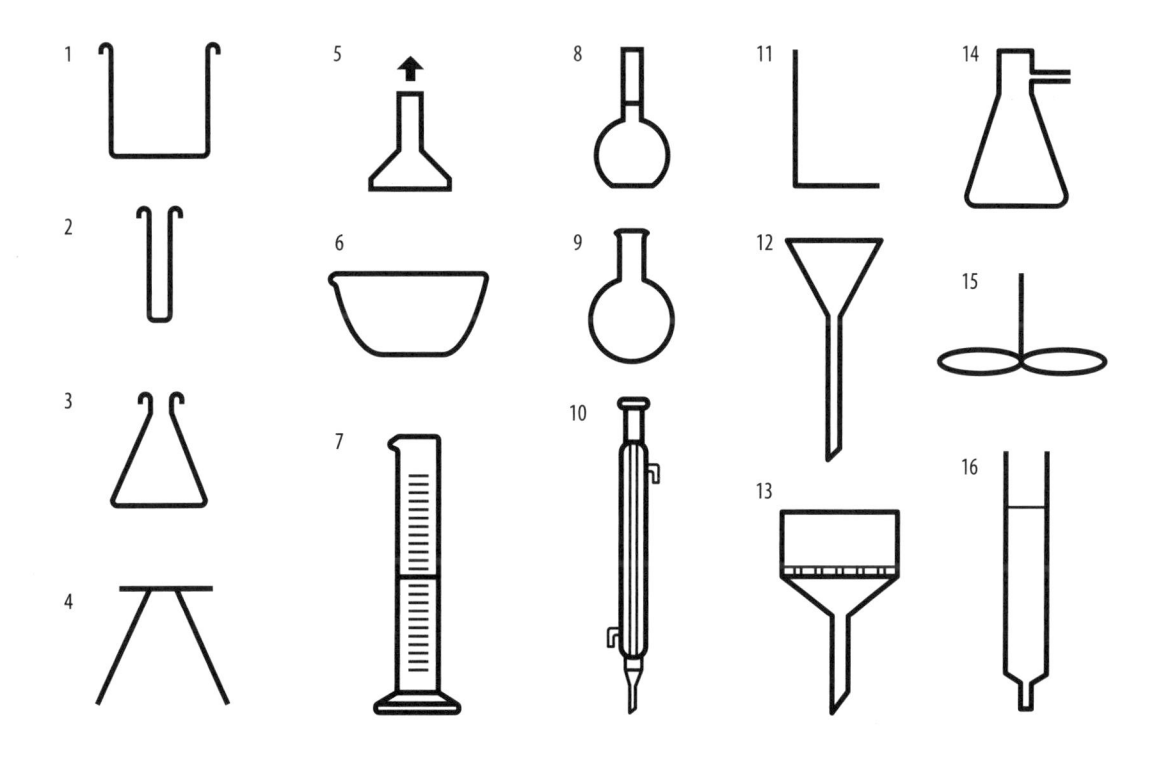

实验室设备 | 139

化学危险符号

化学研究是一项危险的工作：科学家必须小心地使用化学品，以防止事故发生。一个国际公认的符号系统提醒研究者可能使用的物质或混合物的危险性。

符号	名称	说明
	环境危害	对水生生物有毒或对自然环境造成长期损害。需要正确处置。
	易爆品	如果暴露在高温下或受到突然撞击会爆炸。远离火源，小心运输。
	易燃	如果暴露在火、热或火花中，很容易燃烧；或者当暴露在空气中时会着火；或者与水反应产生易燃气体。
	氧化剂	容易反应产生氧气，加剧燃烧，从而增加火灾的可能性。
	受压气体	储存在高压（超过两个大气压）环境下被压缩或液化的气体，如果受压气体处理不当，可能会很危险。

	腐蚀性	会导致皮肤灼伤和眼睛损伤，也会损坏金属。
	有毒	极其危险或有毒。如果吸入、吞咽或皮肤接触，即使少量接触该物质也会危害健康或导致死亡。
	中度危险	对眼睛、皮肤或呼吸道（肺和喉咙）有刺激性。吞咽可能有毒，或导致嗜睡和头晕。
	健康危害	已知会对健康有危害，例如可能导致癌症、器官损伤和呼吸系统问题，或对未出生婴儿造成伤害的化学物质。

可能在实验室或医院中出现以警告该区域存在危险的其他符号：

	生化危害	当某种设施或实验室处理生物材料，如血液、体液、细菌或病毒时，此符号警告必须正确佩戴个人防护装置。
	高电压	有高电压或易接近电源触电的危险。
	激光	高功率激光，可能会导致眼睛损伤、失明或其他伤害。
	低温	极冷的温度会导致冻伤和冷灼伤。
	电离辐射	可能对身体造成短期或长期损害的危险辐射源。

物理学

物理学是一门解释物质和能量如何相互作用的科学。它试图阐述宇宙的本质。可以说物理学是科学中最基础的学科，它将精妙的实验和对理论的深刻理解相结合。

在对宇宙的数学描述中，物理学使用了符号语言，包括我们看到的拉丁字母和希腊字母。此外，物理学的一些分支学科已经拓展了自己的图解和符号系统来传达宇宙在每个尺度上的行为。但是为了理解一种现象，需要的不仅是描述还需要测量。随着国际单位制（SI 单位；见第 144 页）的发展，物质或能量的每一种形式都可以用基本单位来描述。

物质是由原子构成的。在整个 20 世纪，随着人类对原子结构理解的不断加深，人们创建了一系列视觉模型来解释原子的行为（见第 146 页）。由各种原子组成的更复杂的物质也必须有视觉呈现。物理学家和化学家使用国际纯化学和应用化学联合会（International Union of Pure and Applied Chemistry）设计的国际公认的方法，来确保所有科学家都能理解复杂分子的结构（见第 148 页）。

原子是由更小的亚原子粒子组成的。这些粒子由物理学的标准模型（Standard Model of Physics）描述（见第 158 页），其中费米子和轻子参与构成物质，玻色子则与将宇宙结合在一起的许多力有关。这些粒子的行为方式可以用费曼图（Feynman diagrams）来描述（见第 152 页）。

光路图（见第 154 页）使用箭头来描述可见能量光是如何与宇宙中的物质如透镜、平面镜等相互作用的。箭头也用来描述作用在物体上的力（见第 150 页）。

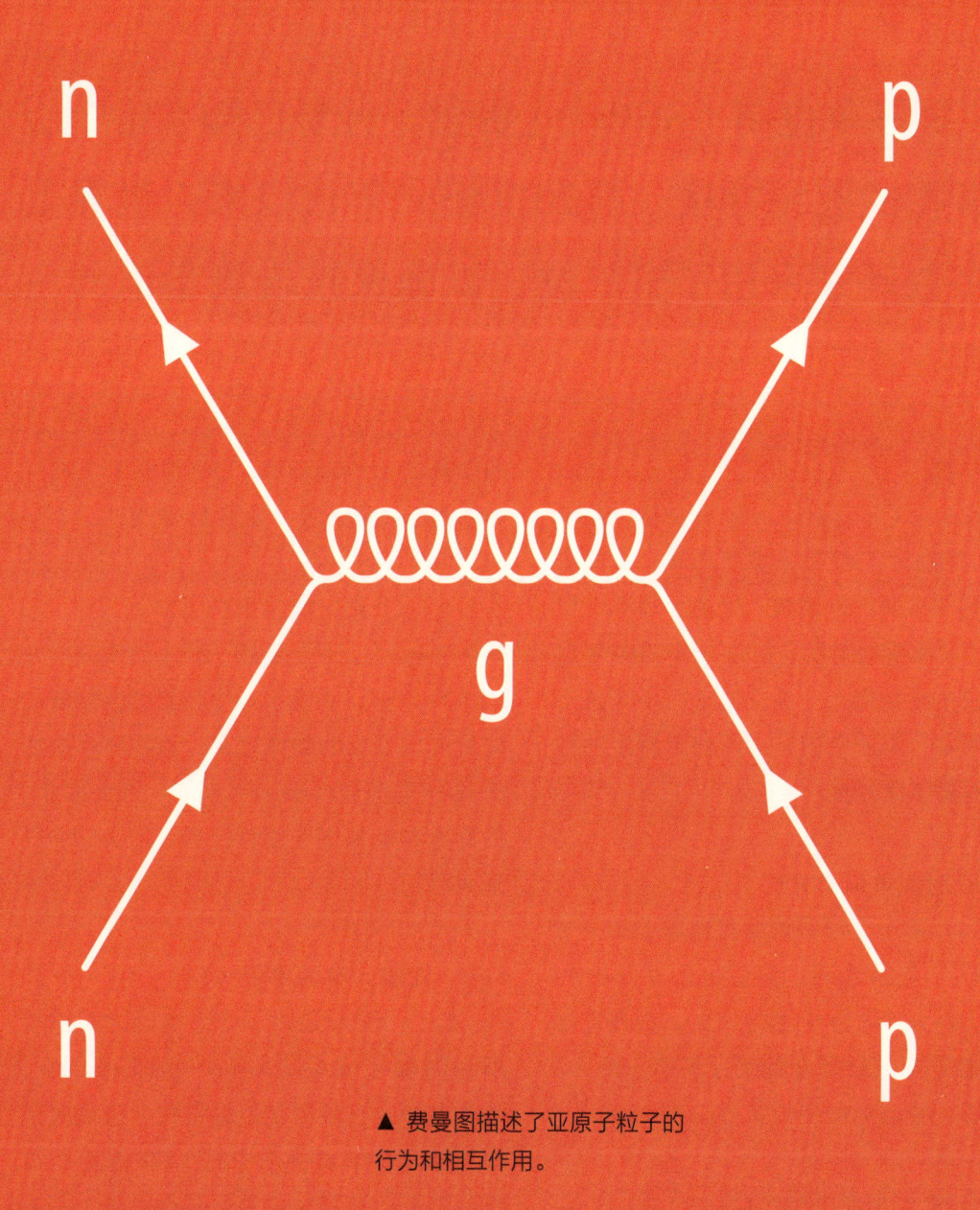

▲ 费曼图描述了亚原子粒子的行为和相互作用。

物理学 | 143

国际单位制

国际单位制（SI单位）提供了计量已知宇宙中所有事物的统一方法。自20世纪60年代以来，世界上大多数国家采用了SI单位，以确保报告测量值的一致性。

基本单位

有七个基本量被定义为SI单位，用于科学、技术、工业和商业等领域。这些单位都属于米制单位系统。以前，国际单位是基于可测量的实物定义的，但2019年以来，改由常数定义。单位通常用小写拉丁字母表示，除非它们是以历史上特定的科学家的名字命名的。

s 秒，时间单位（T）

历史上，秒是依据将地球上的一个太阳日分为24小时，然后每小时分成60分钟，每分钟分为60秒定义的。现在它的定义基于铯-133原子的跃迁频率，铯133原子每秒振动9192631770次。

m 米，长度单位（L）

最初定义为从地球赤道到北极的距离的1/10000000，现在米是基于真空中的光速c定义的（见第14页）。

kg 千克，质量单位（M）

一千克是一升水的质量。在2019年之前，千克由一个铂铱合金制成的高尔夫球大小的物体定义，该物体存放在法国圣克劳德（Saint-Cloud）的金库中。千克现在是基于普朗克常数h定义的（见第28页）。

A 安培，电流单位（I）

安培是为了纪念电磁之父安德烈-玛丽·安培（André-Marie Ampère）而命名的，它最初是依据电化学反应定义为每秒从硝酸银溶液中将1.118毫克银沉积到电极上所需的电流。现在是基于基本电荷单位e定义的（见第18页）。

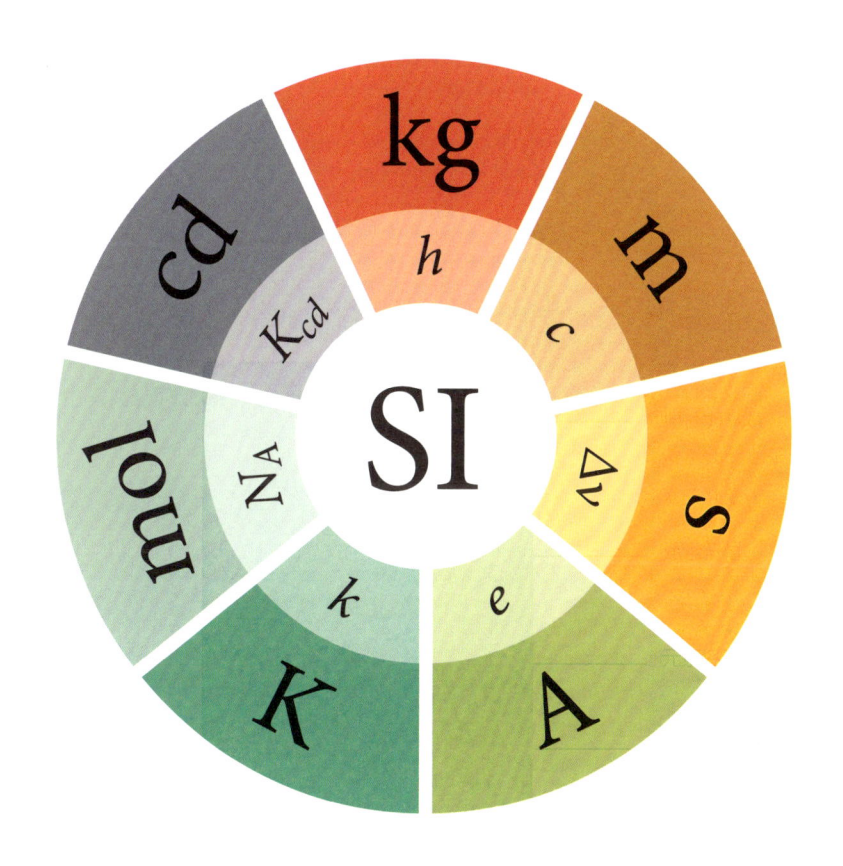

K 开尔文，温度的度量单位（T）

根据摄氏温度标，0℃是水的冻结温度，而0 K是绝对零度，即原子不再振动的温度。开尔文的定义与玻尔兹曼常数 k 相关（见第 35 页）。

mol 摩尔，物质的量的单位（N）

摩尔是物质的原子数或分子数，它是通过将一种物质的物理质量除以物质的原子量或分子量而得到的，该物质是根据其元素组成计算得出的。1 摩尔包含 $6.02214076 \times 10^{23}$ 个原子、分子、离子或其他粒子。

Cd 亮度，光强单位（J）

亮度最初被定义为一支标准燃烧的蜡烛产生的光量，现在由给定方向上单色绿光的发光强度确定。

原子的结构

原子是化学变化中最小的粒子。所有物质都是由原子组成的，原子结合在一起形成分子和化合物。通常用两个模型来描述原子。

原子的核模型

有许多种方法用于可视化原子。在核模型中，原子看起来像一颗有卫星绕行的行星。严格来说，这个模型是不正确的——这不是原子各部分的实际排列方式——但它是一个理解原子的起点。该模型的中心称为原子核，它由两种类型的粒子组成：质子和中子。质子带正电荷，而中子——顾名思义——是中性的，充当黏合剂将原子核黏合在一起。围绕原子核四处旋转的是带负电荷的电子。虽然这个模型比较有用，但另一个模型（玻尔模型）更清晰。

玻尔模型

在表示分子时，玻尔模型更有用。它有一个中心正核（原子核），核周围有多个轨道能级（或电子层）。离原子核最近的壳层包含两个电子，用点表示。每个壳层最多有八个电子。

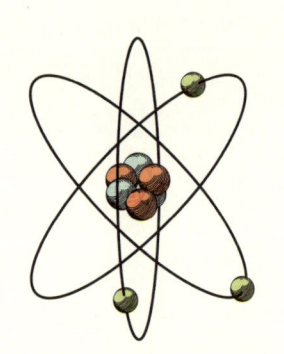

▲ 一种常见但不准确的原子模型。

▲ 电子实际绕原子核运行的可视化表示。

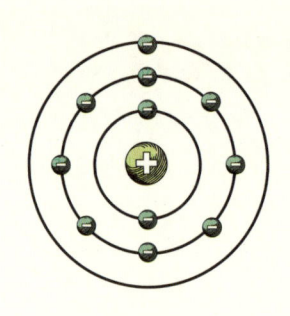

▲ 玻尔模型

原子间的键

原子最稳定的构型是最外层的轨道（壳层）充满电子。为了实现这一点，元素与其他元素发生反应时，要么提供电子，要么共享电子。

第一种类型的键是"离子键"。当元素提供一个电子时，元素间形成的键叫作离子键，如食盐氯化钠。在这里，钠（Na）的最外层中有一个需要脱落的电子。氯（Cl）的最外层有七个电子，需要获得一个额外的电子。钠把自己的一个电子给了氯，这样它们的外层中就都有八个电子。

电子用点表示，中间用"+"号可以清楚地表明电子是如何移动来产生离子键的。

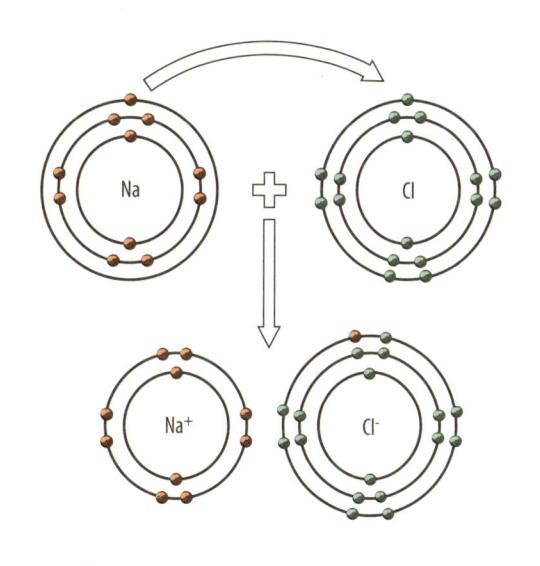

▲ 钠和氯之间的离子键。

第二种类型的键是"共价键"，两个原子共享一个电子，而不是一方提供一个电子。一个很好的例子就是水，它由氧和氢组成。氧的最外层有六个电子，需要再获得两个。氢只有一个轨道，所以每个氢原子只需要多一个电子。在共价键中，氧和氢共享电子来填充它们的最外层。

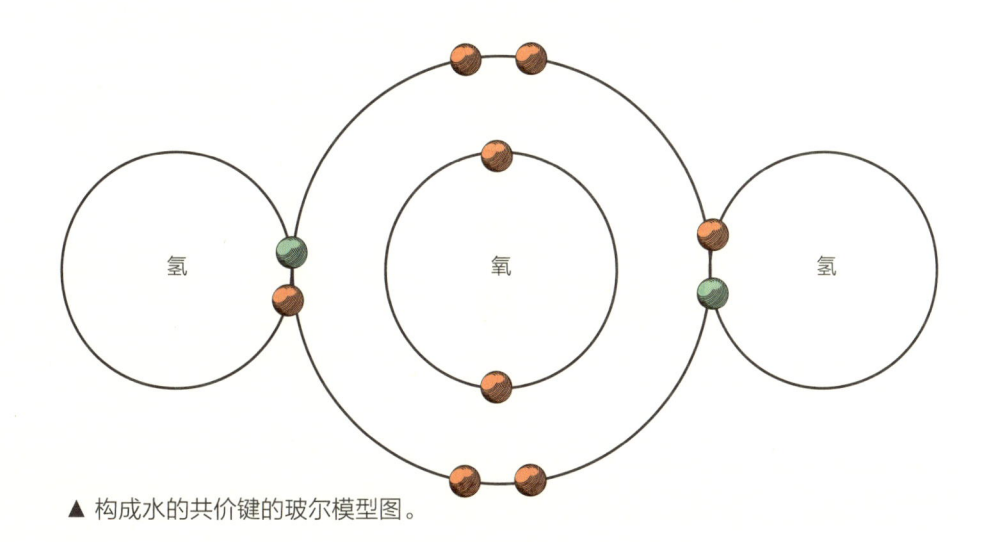

▲ 构成水的共价键的玻尔模型图。

分子结构

分子由两个或多个相同或不同元素的原子通过化学键组成。它可能很小，比如H_2，也可能很大——最大的合成分子包含1700万个原子。无论分子大小如何，科学家都使用一种通用的符号语言来可视化它的物理结构。

简化化学结构

清晰地表示化学结构的方法是画出所有存在的原子。举个例子，一个简单的甲烷分子（下图），包含一个碳原子和四个氢原子。

随着原子数量的增加，就会变得越来越复杂。即使是只含有两个碳原子和六个氢原子的乙烷，也开始变得难以轻易识别（下图中间）——一些原子会被其他原子挡在后面。

当涉及更复杂的化学键和其他元素周期表中的原子时，识别变得更加困难。

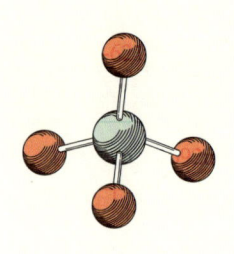

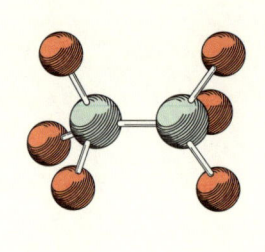

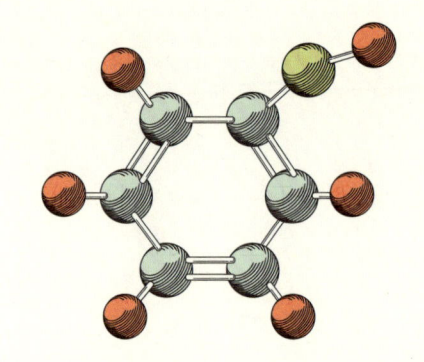

▲ 甲烷，CH_4：中心是一个碳原子，被四个红色的氢原子包围。

▲ 乙烷，C_2H_6。

▲ 苯酚，C_6H_5OH。

碳（C）是所有有机分子的基础，是化学中最重要的元素。当画一个分子结构时，如果线的末端没有字母，就默认它是碳。

例如，乙烷可以用直线表示：

▲ 乙烷分子（结构，C_2H_6）。

线的每一端代表一个碳原子。

假设连接的是氢（H）原子。碳通常可以形成四个键，有机化学家会看到这条线会假设每个碳上有三个氢原子。

如果碳原子之间是"双键"，就像乙烯一样，那么分子结构将如下所示：

▲乙烯（分子结构 C_2H_4）。

碳双键使得两端只剩下两个氢键。

对于碳以外的元素，须用周期表中的符号代表该原子。

例如，苯酚是有三个双键的环状结构。其中，O 代表氧，H 代表氢。

请注意，图中与氧结合的氢原子需要标注出来，键合到碳上的则无须标注。

▲ 苯酚分子（结构 C_6H_5OH）。

下图显示了一个更复杂的分子结构：叶绿素，这是植物中吸收阳光进行光合作用的绿色色素。这种分子含有碳、氢和氧，还包含氮（N）和镁（Mg）。Me 是甲烷基团（CH_3）的符号。

▲ 叶绿素分子结构。

分子结构 | 149

力和自由体图

在日常生活中，从阻止滑动的摩擦力到将物体固定在地球上的重力，包括人类在内的所有实体无不不断地受到力的作用。为了准确描述这些力，物理学家和工程师使用向量和受力图来表示作用在物体上的力的大小和方向。

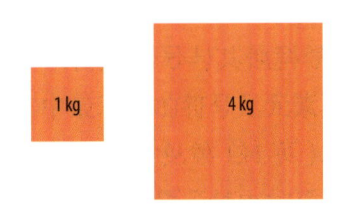

▲ 像质量这样的标量可以用不同大小的盒子来表示。

▲ 向量用长度表示大小，用箭头表示方向。

标量和向量

当一个量可以只用一个数字来描述时——例如，质量用国际单位千克（kg）来表示——这被称为标量。质量没有"方向"。为了直观地表示两个不同质量的物体，可以将图示缩放到一定大小，使其与质量成正比（见上图）。

力则是不同的。作为一个向量，力既有大小，也有作用的方向。表示两者的最简单方法是用箭头，箭头的长度表示力的大小，而角度表示作用的方向。

上图中的力都作用在同一个方向上，但是较长的箭头表示 4 牛顿（N）的力，而较短的箭头表示 2 牛顿的力。

除了力外，其他向量还包括速度（m/s）、加速度（m/s^2）和动量［(kg·m)/s］。

当有多个力作用时，根据它们的大小和方向计算合力。如果两个力都向右（右上），2N+4N 的力将产生 6N 的力。相反，如果有 2N 的力向左，4N 的力向右，合力是 2N，向右。

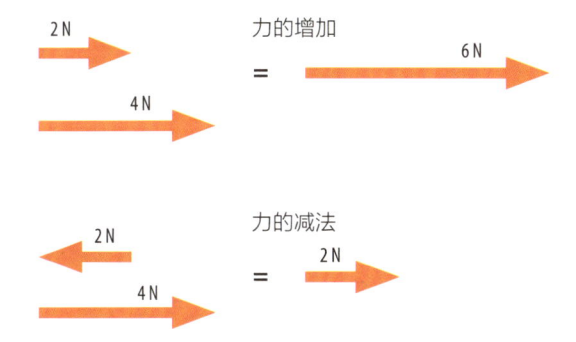

▲ 简单力系统的加法和减法。

当力以一定角度相互作用时，可以使用三角学来计算合力——或者，为了简化计算，可以重新画力，使它们首尾相连，用箭头从第一个力的尾部画到最后一个力的头部，这样可以计算出合力。

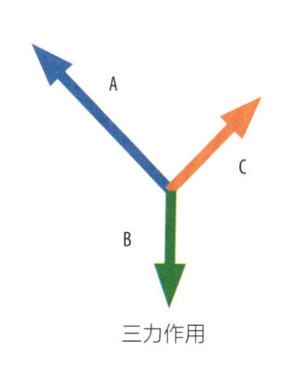

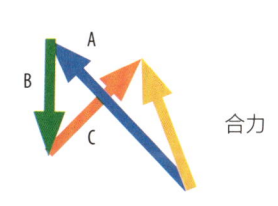

▲ 在更复杂的系统中计算合力。

受力图

用受力图描述作用在物体上的力。物体通常被表示为一个盒子或一个点，力箭头指向远离它的地方。

在鼯鼠滑翔时，它受到重力的作用，将它拉向地面，同时，空气对它的皮膜产生阻力，防止其自由坠落。在受力图中，鼯鼠用一个方框表示，而箭头描述了作用在它身上的力的大小和方向。

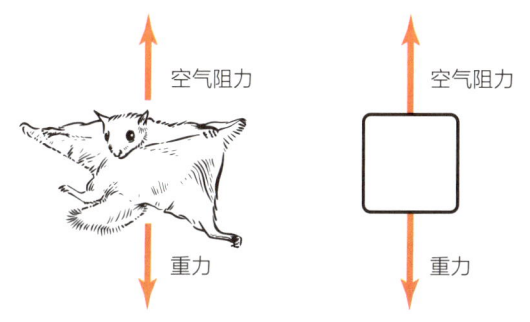

▲ 鼯鼠会同时受到重力和空气阻力。

一个更复杂的例子是一辆汽车开下山。除了汽车发动机提供的作用力外，摩擦力会沿相反方向作用，将汽车往回拉。重力将汽车拉向道路，但道路本身又向上推，提供所谓的法向力以支撑汽车。

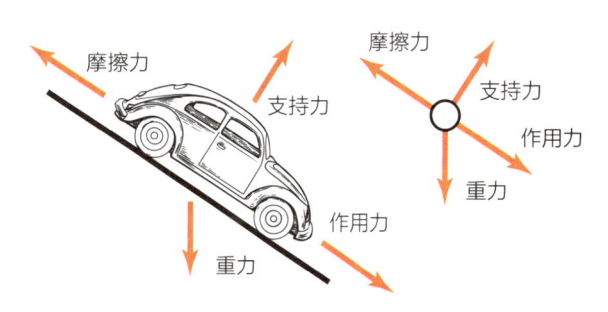

▲ 在下坡行驶时，汽车会受到一系列力的作用。

力和自由体图 | 151

费曼图

费曼图以美国物理学家理查德·费曼（Richard Feynman）命名，用于在量子力学中描述粒子碰撞过程。它提供了一种记录标准模型（见第158页）中基本粒子相互作用和碰撞产物的方法。

费曼图有两条轴——空间和时间——来描述粒子碰撞时的运动方式。费曼图中，时间轴可以是垂直方向的，也可以是水平方向的。

时间在一个方向上增加，而空间被描述为垂直于时间轴的单一运动维度——尽管实际上粒子的运动是三维的。就费曼图的目的而言，区分它们是否在同一个位置，以及它们是相向移动还是相互远离就足够了。

箭头描述粒子随时间是向前还是向后运动，不同的线表示不同类型的粒子：直线代表费米子，如电子、正电子，或重子如质子；波浪线代表玻色子，如光子（一般用虚线表示希格斯玻色子）；带环的线代表胶子。

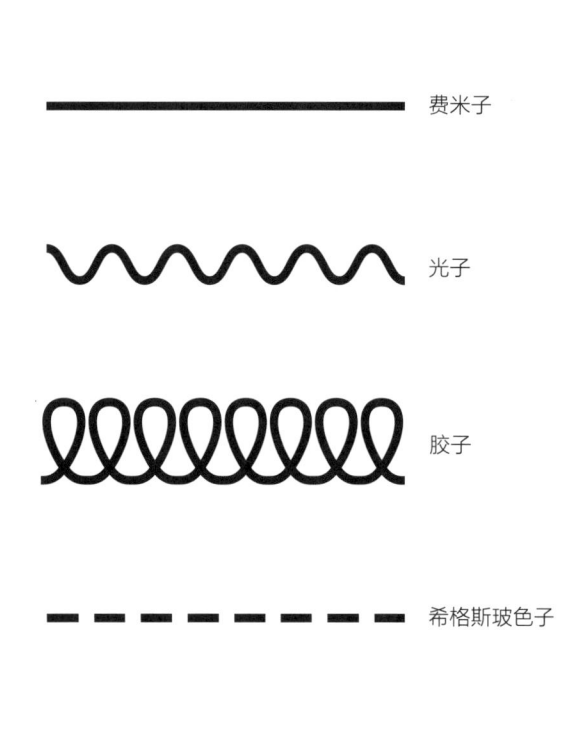

费米子

光子

胶子

希格斯玻色子

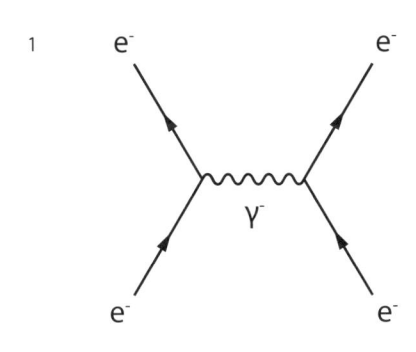

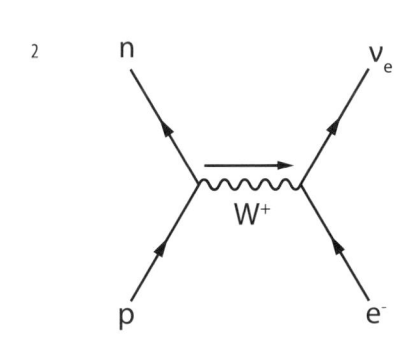

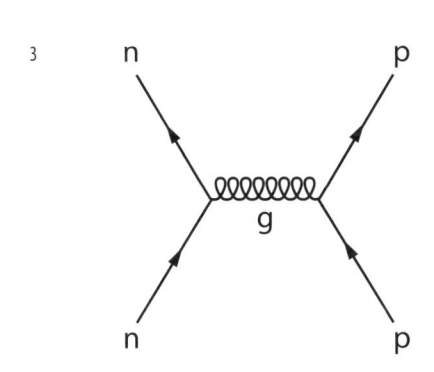

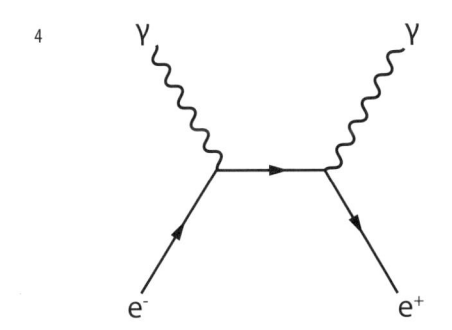

1. 这张图显示了两个电子之间的相互作用，时间轴的方向是从下到上。两个电子交换（发射和吸收）虚光子（用 γ 表示）。

2. 四种基本相互作用之一的弱相互作用，发生在放射性衰变中。在这张图中，质子和电子相互作用；质子衰变成中子和 W 玻色子，W 玻色子再与电子相互作用形成电子中微子。

3. 这张图描述了一个强相互作用的例子。中子和质子相互作用，并被胶子结合在一起，形成原子核的一部分。

4. 这个例子显示了一个电子（左）和一个正电子（右）的碰撞过程。可以理解为一个电子在时间上向后移动。正负电子湮灭并产生两个光子（表示为 γ）。

费曼图也可以用于描述更复杂的相互作用，对现代理论物理产生了巨大的影响。它可以清晰地解释粒子相互作用，并使跟踪计算变得更加容易。

光路图

从眼镜到高倍显微镜，要想设计任何一种光学设备，都必须了解光是如何穿过介质的，以及当它撞击物体表面、透明材料或透镜时会发生什么。光路图为光学工程师提供了语言表达形式。

光

1. 光线沿直线传播，表示为一条线，线上有指示传播方向（远离光源）的箭头。
2. 平行光线可以用平行线来表示。
3. 点光源产生向各个方向传播的光线。
4. 在光路图中，光源可以用灯泡或蜡烛来表示。

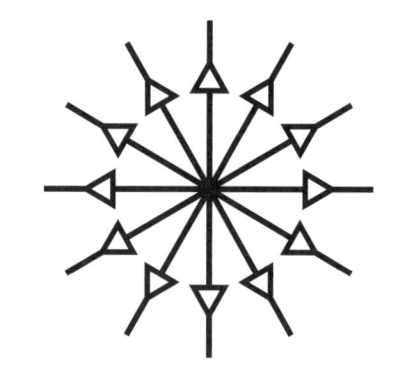

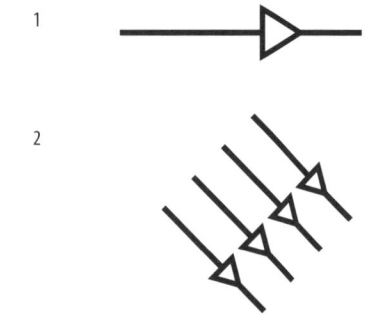

镜子

    1. 像镜子一样的反射面由非反射侧带阴影线的线表示。

    2. 凹面镜可以将光线聚焦到中心焦点F，也可以从F处的点源产生宽光束——例如，手电筒中的镜子就是凹面镜。

    3. 凸面镜或发散镜将光线向外反射，在镜子后面有一个光线永远达不到的"焦点"。

透镜

    1. 会聚透镜或凸透镜中间厚，边缘薄，用直线及其两端指向外的箭头表示。当平行光线进入凸透镜时，光线会发生弯曲并会聚在一个焦点上。凸透镜通过将来自单点的光线变成平行光束来放大图像。

    2. 发散透镜或凹透镜中间薄，边缘厚，用直线及其两端指向内的箭头表示。这意味着进入透镜的平行光线会发散。

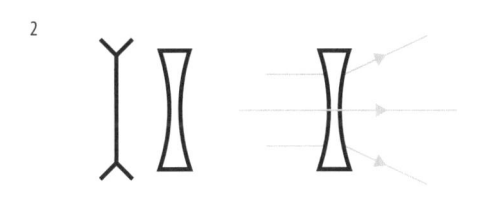

其他符号

    1. 棱镜可以用来将白光分成不同颜色的光。

    2. 在光路图中，观察者的位置用眼球表示。

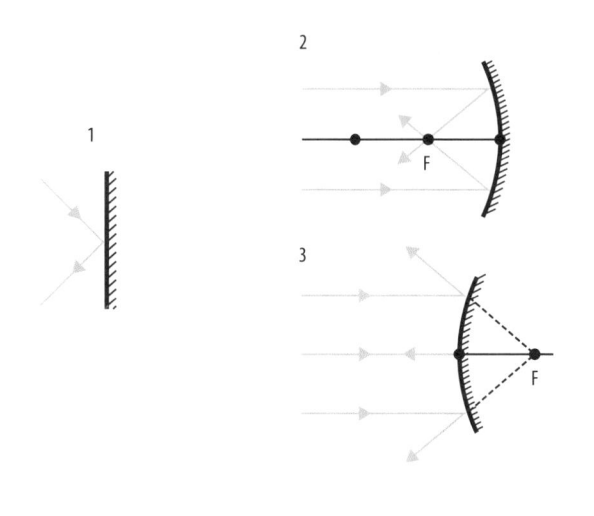

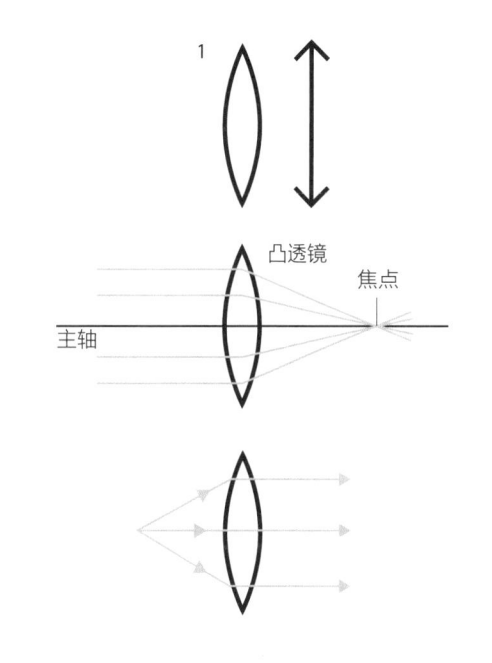

太阳系

我们太阳系的行星和许多其他天体在历史上都被赋予了符号。虽然没有在科学背景下使用,但它们被广泛用于纹章学、艺术和设计中,经常能在旧文本中看到它们。

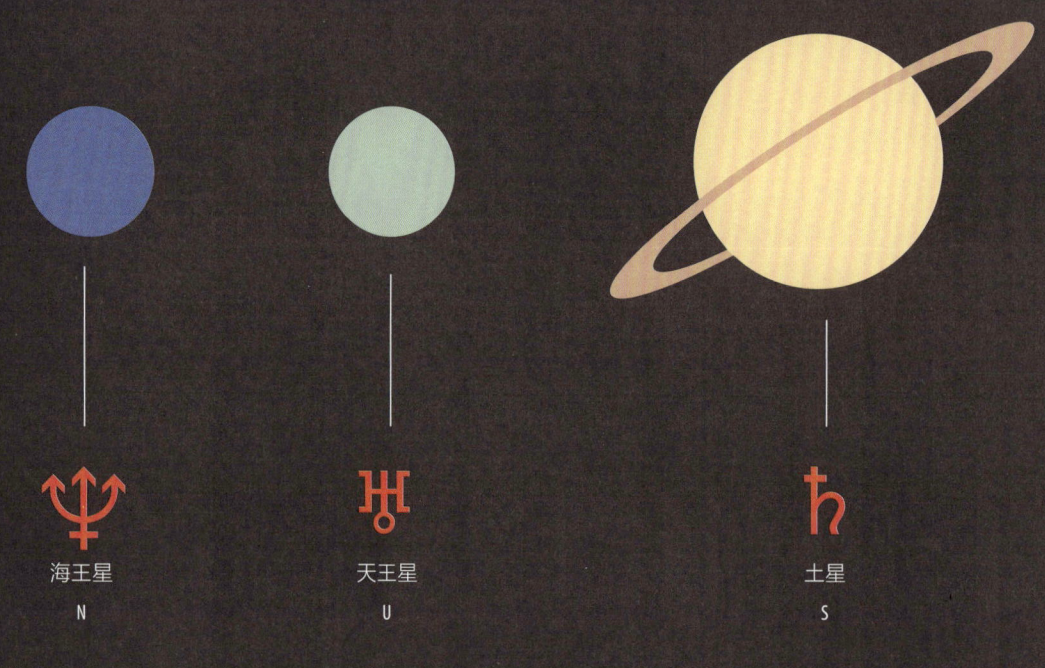

♆
海王星
N

♅
天王星
U

♄
土星
S

行星

虽然所有行星都有来自古希腊和罗马天文学的符号,但国际天文学联合会(IAU)建议使用拉丁字母缩写。

彗星

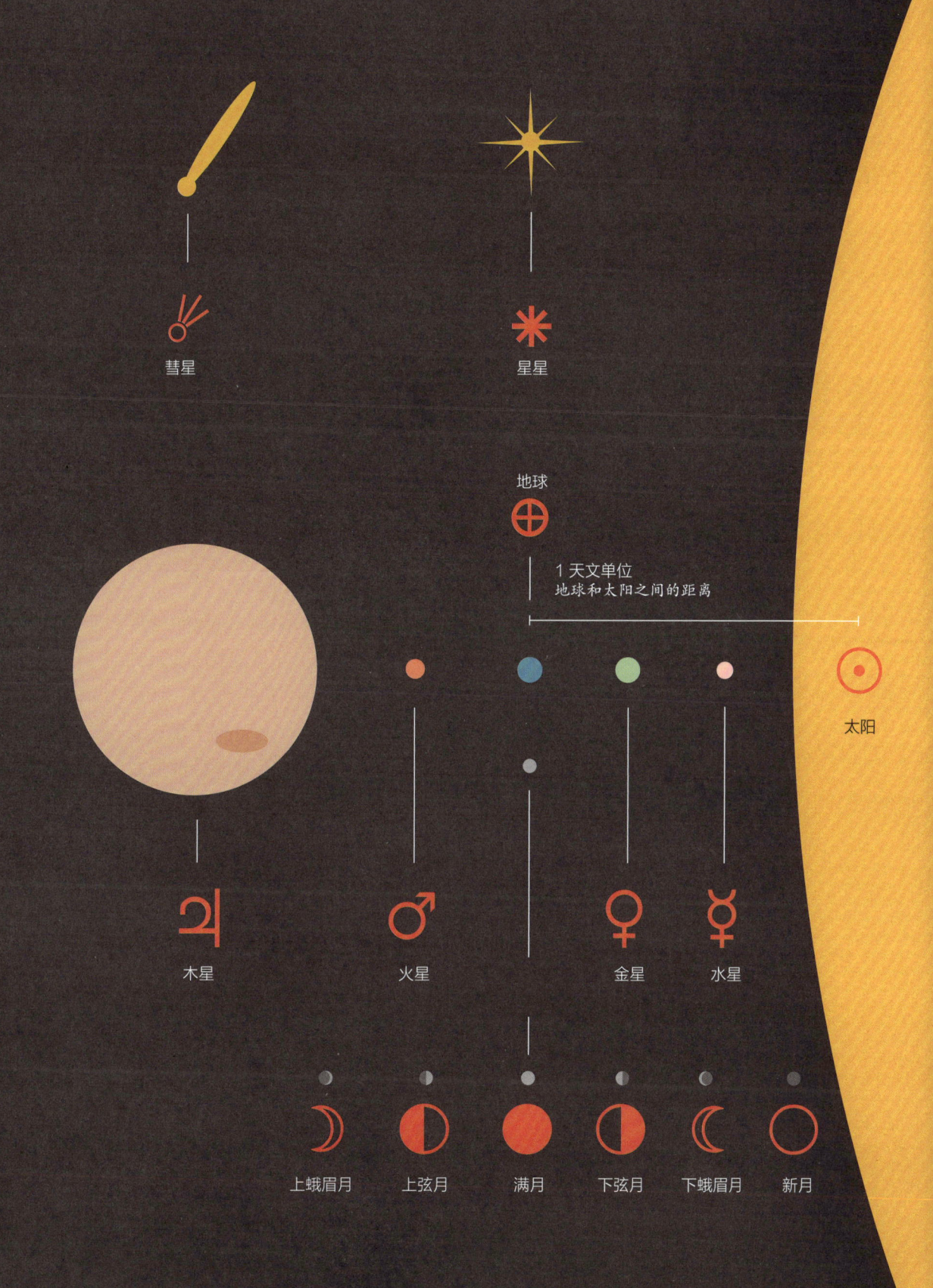

星星

地球
⊕

1 天文单位
地球和太阳之间的距离

☉
太阳

♃
木星

♂
火星

♀
金星

☿
水星

上蛾眉月　上弦月　满月　下弦月　下蛾眉月　新月

太阳系 | 157

物理学中的标准模型

原子构成了化学元素和整个物理世界——但是原子又是由什么构成的呢？在20世纪70年代，物理学家对所谓的"标准模型"理论达成一致，该模型描述的亚原子粒子决定了四大基本自然力中的三种（电磁力、弱相互作用和强相互作用）。

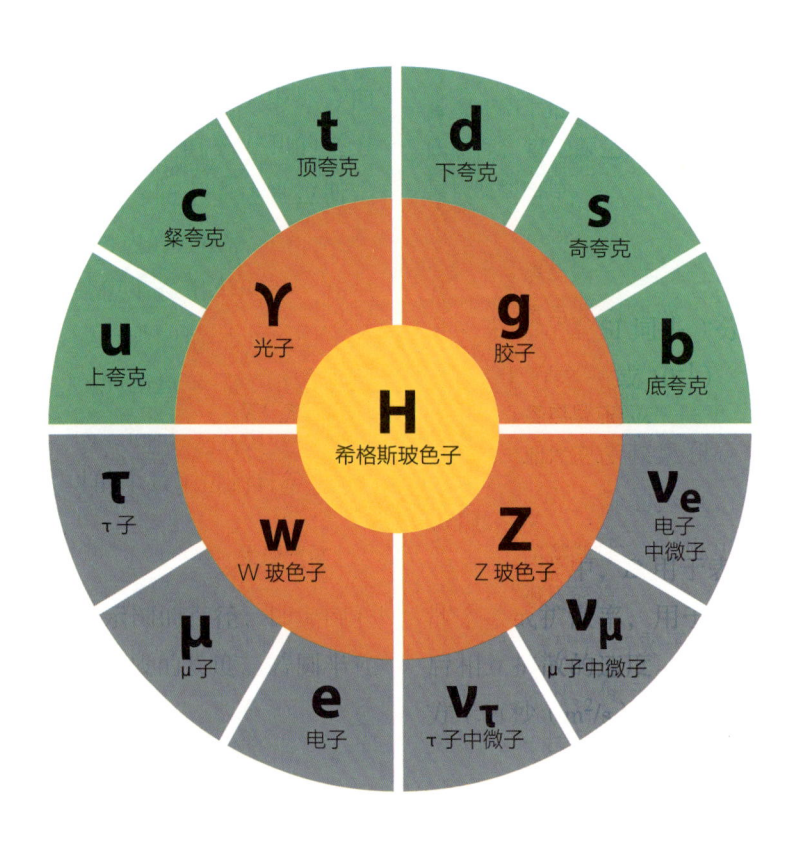

- t 顶夸克
- d 下夸克
- c 粲夸克
- s 奇夸克
- u 上夸克
- b 底夸克
- γ 光子
- g 胶子
- H 希格斯玻色子
- W W玻色子
- Z Z玻色子
- τ τ子
- v_e 电子中微子
- μ μ子
- v_μ μ子中微子
- e 电子
- v_τ τ子中微子

所有物质都是由基本粒子组成的。在原子中，一般有质子和中子，它们又由夸克组成。宇宙中所有稳定的质子和中子都是由上夸克（u）和下夸克（d）组成的。较大的粲夸克（c）、奇夸克（s）、顶夸克（t）和底夸克（b）过于不稳定，很快会衰减成上夸克和下夸克。

希格斯玻色子（H）是赋予其他基本粒子（例如电子和夸克）质量的粒子。它是最近发现的基本粒子——2012年，一个由科学家和工程师组成的规模庞大的国际研究团队，使用欧洲核子研究中心（CERN）的大型强子对撞机（LHC）发现了它。

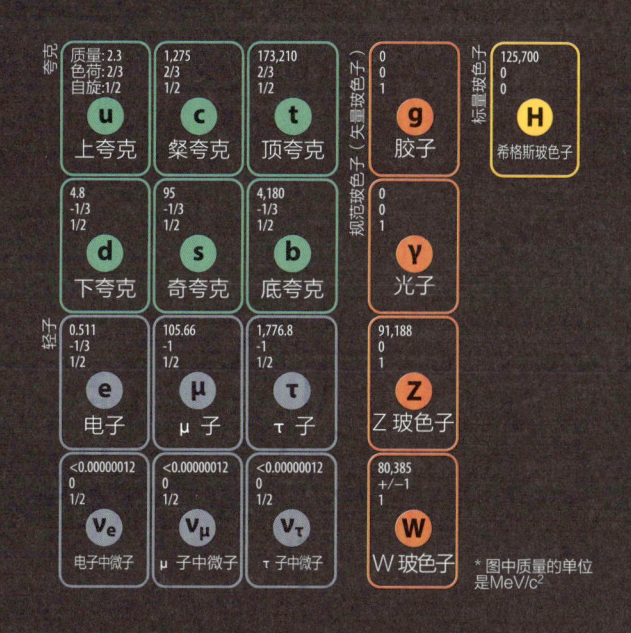

质量：2.3 色荷：2/3 自旋：1/2 **u** 上夸克	1,275 2/3 1/2 **c** 粲夸克	173,210 2/3 1/2 **t** 顶夸克	0 0 1 **g** 胶子	125,700 0 0 **H** 希格斯玻色子
4.8 -1/3 1/2 **d** 下夸克	95 -1/3 1/2 **s** 奇夸克	4,180 -1/3 1/2 **b** 底夸克	0 0 1 **γ** 光子	
0.511 -1/3 1/2 **e** 电子	105.66 -1 1/2 **μ** μ子	1,776.8 -1 1/2 **τ** τ子	91,188 0 1 **Z** Z玻色子	
<0.00000012 0 1/2 **νe** 电子中微子	<0.00000012 0 1/2 **νμ** μ子中微子	<0.00000012 0 1/2 **ντ** τ子中微子	80,385 +/-1 1 **W** W玻色子	

夸克 / 轻子 / 规范玻色子（矢量玻色子）/ 标量玻色子

* 图中质量的单位是MeV/c²

轻子包括著名的电子（e）和鲜为人知的μ子（μ）和τ子（τ），它都带负电荷。μ子和τ子就像较大的夸克一样，衰减得很快。电子是第一个被发现的基本粒子，由物理学家约瑟夫·汤姆孙（J.J.Thomson）于1897年发现。电子、μ子和τ中微子的质量很小，带电荷；由于它们体积小，所以很难研究。

规范玻色子（或称矢量玻色子）是基本粒子。每个基本粒子都传递一种基本力。电磁力由光子（γ）传递，强相互作用力由胶子（g）传递。将质子和中子中的夸克结合在一起的弱相互作用力由Z玻色子和W玻色子传递。

物理学中的标准模型 | 159

生物学

生物学是对生物研究的科学。无论是对生物进行分门别类，研究它们的外观或生理结构，还是研究细胞内小小的分子机器的复杂工作原理，生物学家都需要语言和简写法来有效地记录数据。

生物学中最著名的四个字母可能是 A、T、G 和 C，它们代表构成脱氧核糖核酸（DNA）的四种化学物质，并构建了定义地球上所有生物体的遗传密码（见第 164 页）。

DNA 被用来编码纳米级的生命组成结构——蛋白质。蛋白质构成细胞、运输系统和分子机器，它们加速着细胞内的化学反应，以维持生物体的生命过程。蛋白质由 20 种基本化学物质构成，每种化学物质除了都有一个三字母的代码，还都有一个单字母的短代码（见第 166 页）。

虽然 DNA 定义了生物体的发育方式，但蛋白质负责它们的日常事务——而细胞内非常拥挤，事务也非常复杂。为了能够在分子水平上描述生命系统，系统生物学使用符号、线条和箭头来绘制生化反应图（见第 162 页）。

图也是理解一个家族不同成员之间关系的有用工具，从简单的家谱到更复杂的基因图，用于探索亲属之间的遗传和行为联系（见第 168 页）。

DNA 的四种碱基

A 腺嘌呤

T 胸腺嘧啶

G 鸟嘌呤

C 胞嘧啶

生物学 | 161

系统生物学

用显微镜观察，细胞看起来很平静；事实上，这是一个混乱的地方，有成千上万的化学反应正在发生。在酶这种分子机器的催化下，这种复杂的舞动处于可控状态。

绘制生化过程图

分子和细胞生物学家与生物化学家一起将化学反应的路径（就像交通地图显示火车线路上的站点一样）以及不同路径集之间的相互作用（您可能会在此处换乘火车前往新的方向）拼凑在一起。人们用一组标准化的符号描述上述路径。

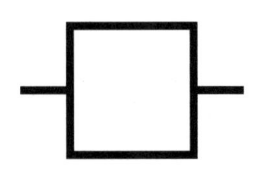

从根本上说，生物学是由过程组成的，在这些过程中，化学物质从一种形式转化为另一种形式。

生物分子

生物化学的主要参与者是简单的小分子（例如糖）、较大的大分子（如蛋白质或酶）以及脱氧核糖核酸（DNA）或核糖核酸（RNA）形式的遗传信息（见第164页）。这些由以下符号表示：

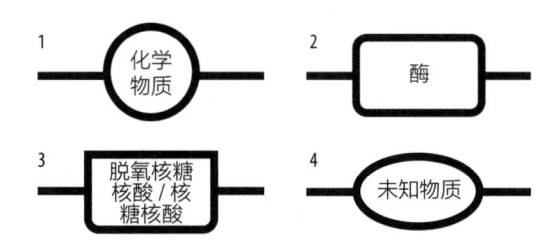

1. 一种简单的化学物质，可以在酶的作用下转化为新产物。
2. 酶或大分子。
3. 脱氧核糖核酸、核糖核酸或核酸。
4. 未知或未指定的物质。

催化作用

1. 图中，分子 A 转化为分子 B。这个转化过程由 C（很可能是一种酶）催化进行。

2. 在这个例子中，葡萄糖在己糖激酶的催化下转化为葡萄糖-6-磷酸。这是我们身体从所吃食物中获取能量的关键反应。

3. 为了减少产生化学物质的数量，抑制剂可以抑制一个过程的发生。

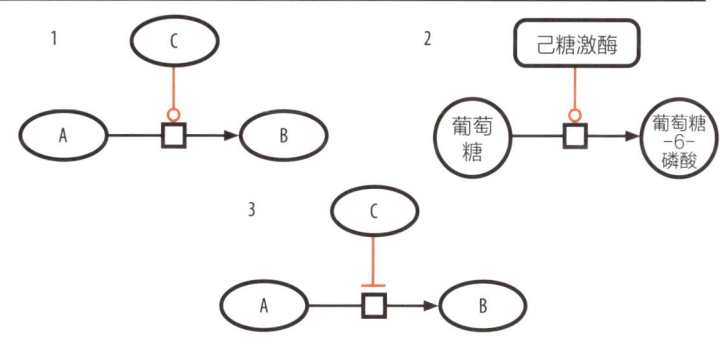

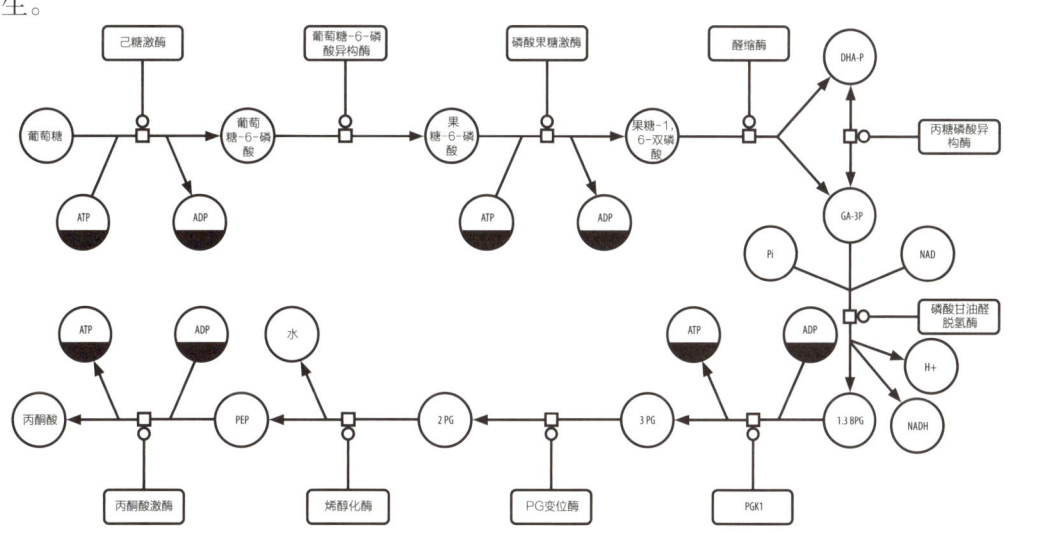

连接符号	名字	定义
→	刺激作用	进程加快
⊣	抑制作用	进程变慢
─○	催化作用	酶加速过程
─◇	调制	以非特定的方法改变进程
➤	生产	物质产生了

绘制复杂系统图

生物过程并不总是像"A 变成 B"那么简单，它可以由产生中间物质的多个步骤组成。有了这些符号，生物过程中令人难以置信的复杂性可以很容易地表现出来，科学家就可以理解细胞内发生的所有相互作用。

例如，将葡萄糖分解成丙酮酸的过程（如上图）会产生供细胞使用的能量。

DNA

DNA，即脱氧核糖核酸，可能是所有生命形式中最重要的分子。它是定义生命体如何构建和调节的代码。DNA是由"核苷酸"这种分子重复排列形成的长链组成的。另一种形式的遗传物质——核糖核酸（RNA），具有相似的结构，只是成分略有不同。

"编码"信息的核苷酸的重要部分是附着在脱氧核糖（DNA的重要组成）或核糖（RNA的重要组成）分子上的碱基。

四个主要的脱氧核糖核酸碱基要么包含一个六边形单环（嘧啶），要么包含一个"并环"——一个六边环和一个五边环并在一起（嘌呤）。

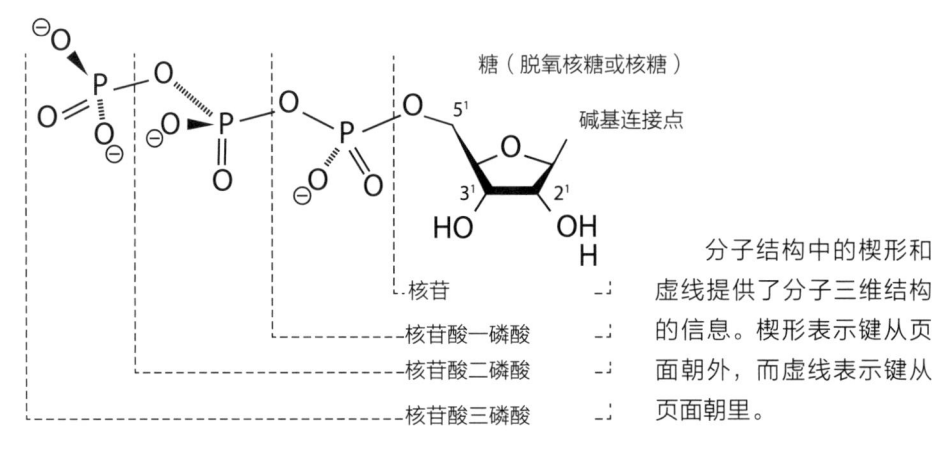

分子结构中的楔形和虚线提供了分子三维结构的信息。楔形表示键从页面朝外，而虚线表示键从页面朝里。

▲ 一个嘧啶碱基或嘌呤碱基连接到糖分子上形成核苷，再连接一个或多个磷酸基团，形成核苷酸，继而形成DNA和RNA。

嘧啶

胞嘧啶（C）与鸟嘌呤（G）键合。

C

胸腺嘧啶（T）与腺嘌呤（A）键合。

T

嘌呤

腺嘌呤（A）与胸腺嘧啶（T）形成氢键。

A

鸟嘌呤（G）与胞嘧啶（C）形成氢键。

G

其他碱基

RNA 是以 DNA 的一条链为模板，以碱基互补配对为原则转录而成的一条单链，用于指导细胞构建蛋白质（见第 166 页）。在 RNA 中，胸腺嘧啶（T）被尿嘧啶（U）取代。

U

Ψ　N1-甲基假尿嘧啶。虽然不是标准的碱基，但这种核苷在 21 世纪 20 年代彻底改变了医学和疫苗技术。通过将 Ψ 整合到新的冠状病毒疫苗中，使其变得更加稳定，并且能够产生长效免疫反应。

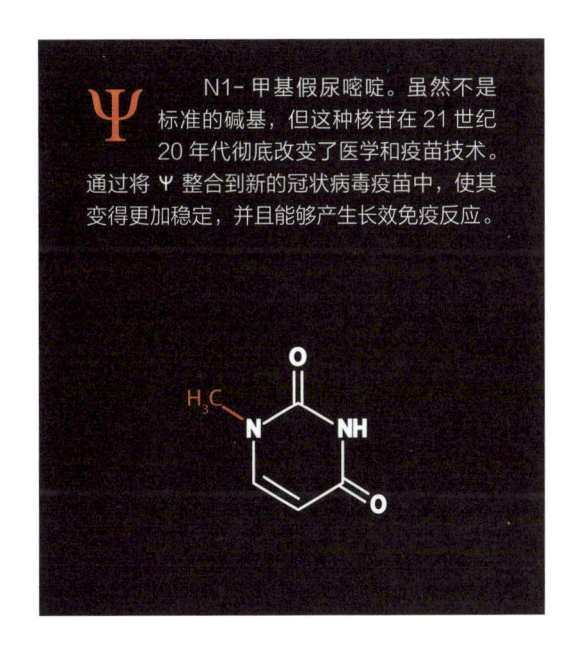

DNA | 165

蛋白质

所有的生命都是由DNA编码并用蛋白质构建的：复杂的长分子组成了20种不同的基本化学物质——氨基酸，它们又以近乎无限多种的组合形式连接成一条长链——蛋白质，一旦合成完成，蛋白质就会折叠成复杂的三维结构，以实现其功能。

氨基酸的结构

"氨基酸"的名称来自其化学结构：氨基和羧基。其分子还包含一个非常重要的侧链。氨基和羧基反应将氨基酸连接成蛋白质，但侧链才是氨基酸的特性所在，因此也是所得蛋白质的性质所在。

虽然在自然界中发现了大约500种侧链，但只有20种常见于生物体中。这20种侧链都有一个单字母代码和一个三字母代码，可按化学性质将其分类。三字母的缩写更易读，用于较短的蛋白质序列，而单字母代码用于表示整个蛋白质序列——它们在数据库中特别有用，因为与三字母代码相比，它们占用的计算机内存更少。

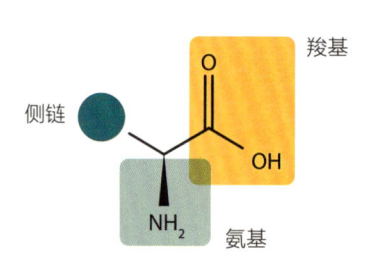

▲ 氨基酸的化学结构。

疏水侧链

这些氨基酸有一个脂肪性或憎水的侧链，通常折叠在蛋白质的内部。

A | ALA | 丙氨酸

I | ILE | 异亮氨酸

L | LEU | 亮氨酸

M | MET | 甲硫氨酸

V | VAL | 缬氨酸

P | PRO | 脯氨酸

G | GLY | 甘氨酸

芳香疏水侧链

这些氨基酸含有扁平的平面环状结构。

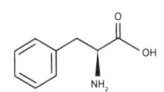

F | PHE | 苯丙氨酸

W | TRP | 色氨酸

Y | TYR | 酪氨酸

极性中性侧链

这些氨基酸的侧链包含带负电荷和带正电荷的原子，整体呈中性。

N | ASN | 天冬酰胺

C | CYS | 半胱氨酸

Q | GLN | 谷氨酰胺

S | SER | 丝氨酸

T | THR | 苏氨酸

酸性侧链

在正常的细胞条件下，这些氨基酸呈酸性并会提供一个质子（H^+）。

D | ASP | 天冬氨酸

E | GLU | 谷氨酸

碱性侧链

与酸性氨基酸相反，它们的侧链会接受一个质子。

R | ARG | 精氨酸

H | HIS | 组氨酸

K | LYS | 赖氨酸

家谱和基因图

对许多人来说，绘制家谱、追根溯源是一种流行的消遣活动。了解在世的家庭成员的关系也很重要，可以用它推断遗传的可能性。

家谱和基因图

家谱通常包含姓名，有时还包含出生和死亡日期，使用线条将一段关系中的人和他们的孩子联系起来。基因图更复杂，因为它们通常用于追踪一个家族中潜在的遗传模式或社会因素。除了包含姓名和日期，基因图还使用符号（有时填充不同的颜色来表示其他特征）和对比符号之间的线条来传达丰富的信息。

男性用正方形表示，女性用圆形表示，甚至宠物也有自己的标志——菱形。如果一个孩子被收养或寄养，父母和孩子之间的连接线也会相应改变。异卵双胞胎通过连接他们分支的点来表示，而同卵双胞胎通过另一条线连接起来形成一个三角形。

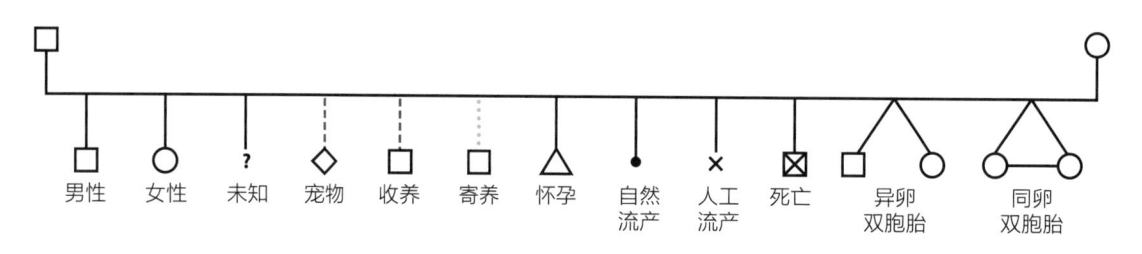

男性　女性　未知　宠物　收养　寄养　怀孕　自然流产　人工流产　死亡　异卵双胞胎　同卵双胞胎

▲ 基本家谱符号。

表示家庭关系的方式有很多种。下面是父母之间常见关系状态的图示。

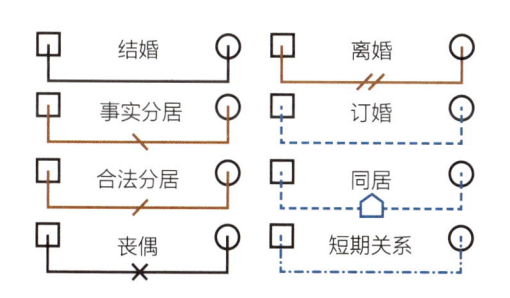

- 结婚
- 事实分居
- 合法分居
- 丧偶
- 离婚
- 订婚
- 同居
- 短期关系

基因图在医学上用于追踪图表上的人所具有的生理状况，图表可以记录这些状况是否与家庭背景有关。这由符号的左上四分之一（彩色）表示：

- 赌博成瘾
- 药物滥用
- 酗酒
- 抑郁症
- 肥胖
- 癌症
- 心脏病
- 高血压
- 艾滋病
- 性病
- 肝炎
- 糖尿病
- 关节炎
- 孤独症
- 阿尔茨海默病

情感关系

就像普通的家谱一样，基因图显示了父母和子女之间的关系。但它们也可以显示家庭中不同成员是如何在情感上相互联系的，这可以通过成员之间更多颜色的附加线条来表示。情感关系有许多可能的关系组合，下面举例说明了一些：

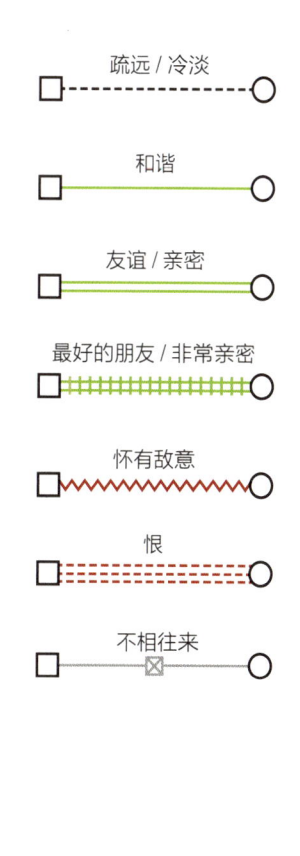

- 疏远 / 冷淡
- 和谐
- 友谊 / 亲密
- 最好的朋友 / 非常亲密
- 怀有敌意
- 恨
- 不相往来

家谱和基因图 | 169

天行者家族谱系图

这是"星球大战"宇宙中天行者家族的家族谱系图。阿纳金（Anakin）、卢克（Luke）、莱娅（Leia）和本（Ben）是携带纤原体的原力

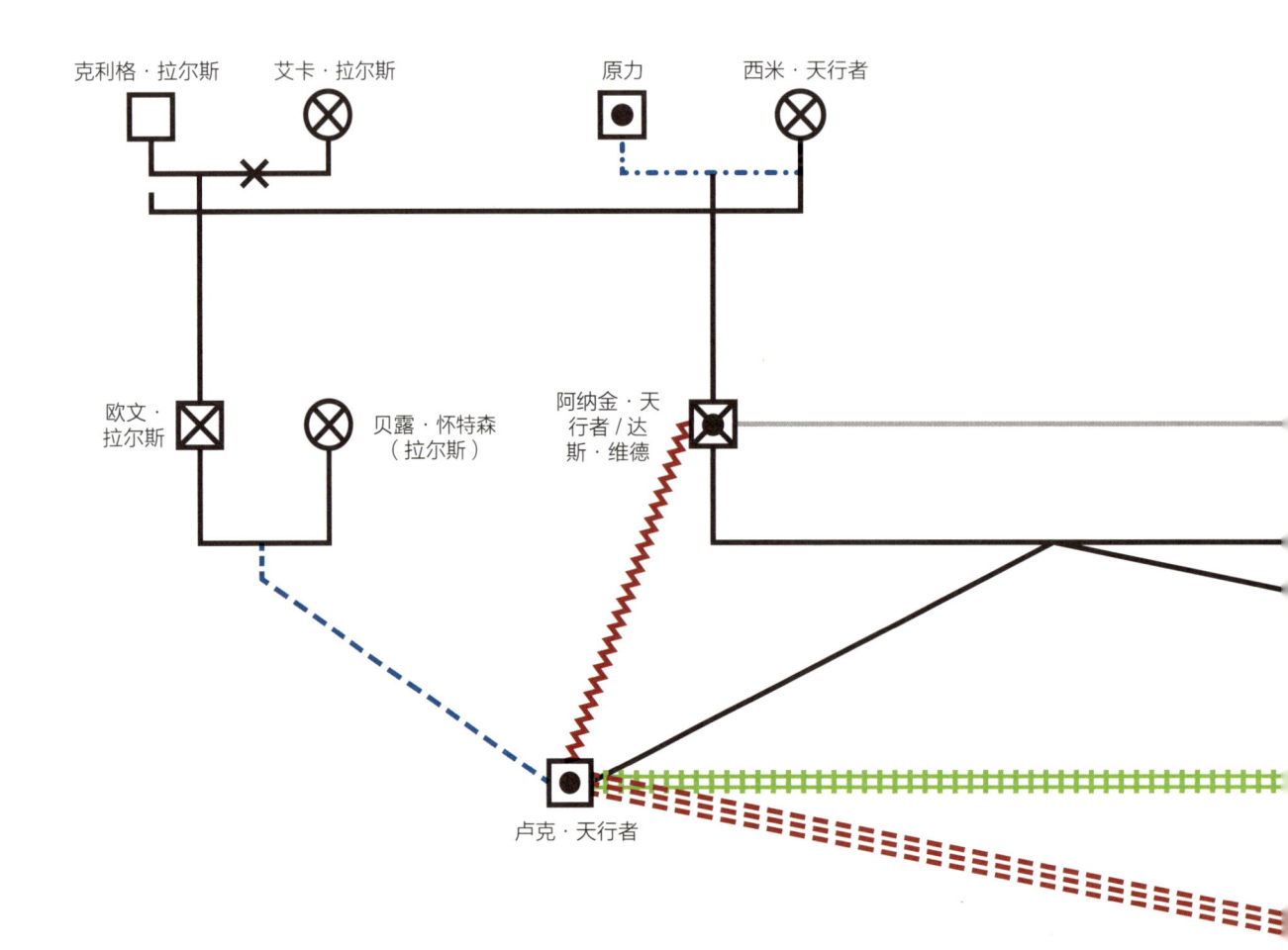

克利格·拉尔斯　艾卡·拉尔斯　　　原力　　西米·天行者

欧文·拉尔斯　　⊗ 贝露·怀特森（拉尔斯）　　阿纳金·天行者/达斯·维德

卢克·天行者

敏感者，这里用一个点表示。谱系图使我们能够跟踪某些遗传特征，例如，在这个族谱中，我们可以通过圆点符号观察谁继承了使用原力的能力。

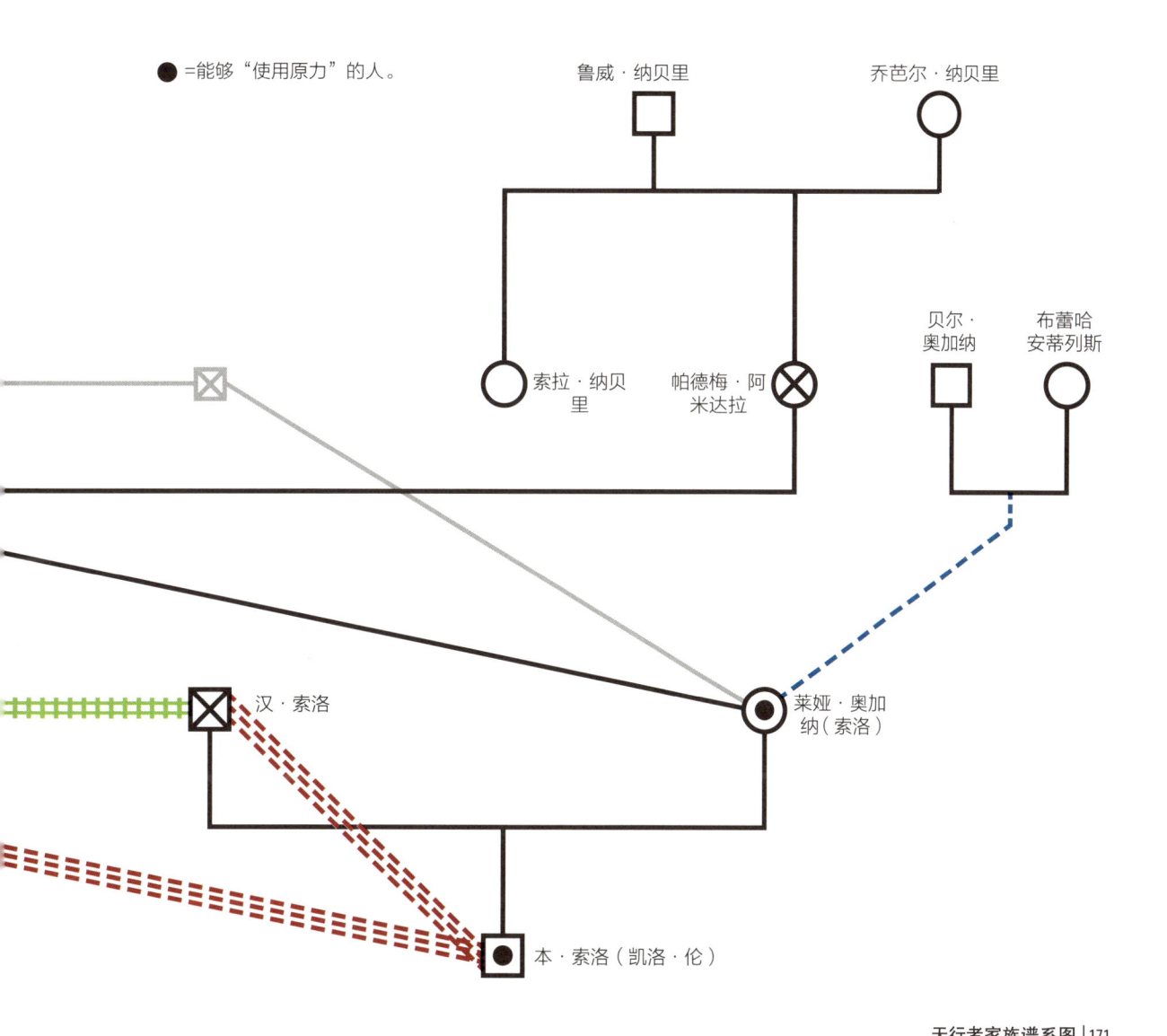

● =能够"使用原力"的人。

鲁威·纳贝里

乔芭尔·纳贝里

索拉·纳贝里

帕德梅·阿米达拉

贝尔·奥加纳

布蕾哈·安蒂列斯

汉·索洛

莱娅·奥加纳（索洛）

本·索洛（凯洛·伦）

计算机科学与电子学

基于电子电路和电流的计算机科学中充满了符号。这门学科融合了多种语言和系统，这些都需要精确的符号。图表可以用来表示电路连接的方式。

计算中的信息是通过电脉冲传输的。导线中的电流可以高也可以低，用 1 和 0 表示，即二进制数（有关二进制数的更多信息，见第 70 页）。计算还使用逻辑来组合这些 1 和 0——也被认为是"真"和"假"值——电路中使用的物理逻辑门也有自己的符号表示法（见第 182 页）。

计算机是通过用代码编写的程序来控制的。编程语言有数百种，包括 Python、Java、C++、PHP、JavaScript、SQL、Kotlin 和 Ruby，每种语言都有不同的用途和复杂程度。编写计算机代码时，会用到许多符号和速记短语，其中一些列在第 174 页上。

每种编程语言都有自己的约定，称为句法，用符号来表示特定操作。

计算机程序通常涉及大量数据的存储、解释和操作，为达成此目的的一个强有力的工具是"正则表达式"（见第 176 页）：一种寻找数据模式和精确搜索的方法。

电子电路通常包括电阻器，电阻器有自己的颜色编码系统（见第 180 页）。图表对于理解电路是如何连接的很重要，尤其是因为电路板本身通常非常小，而且细节错综复杂。电子元件已经有了在电路图中代表它们的符号（见第 178 页）。

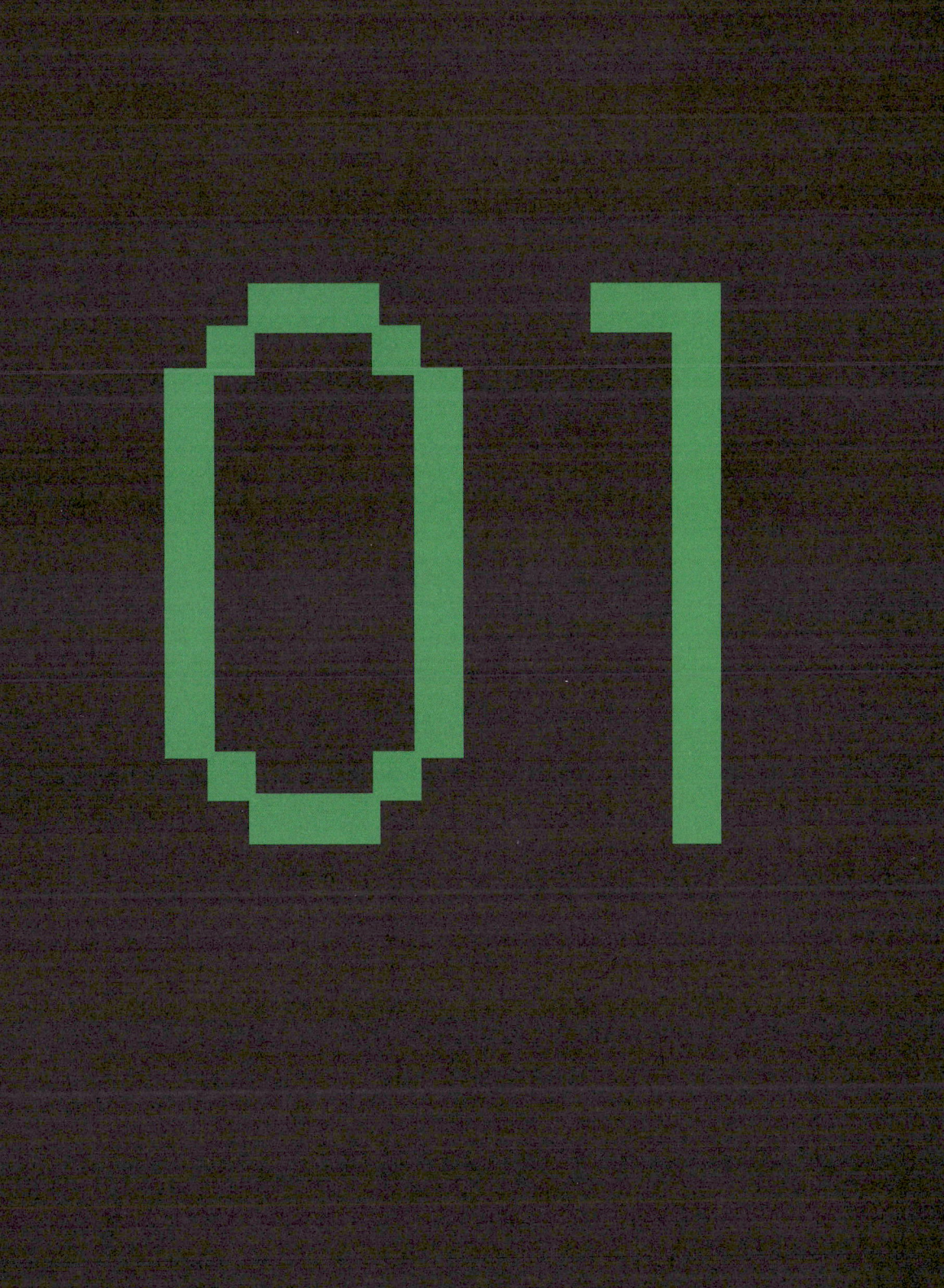

01

计算机科学与电子学

代码

虽然世界上有大量不同的编程语言在使用，但许多语言都有一些通用的符号和速记号，可以用来编写简明的指令供计算机执行。

在代码中，速记符号或短语用于常用的函数或操作指令，可以加快编码速度，增强代码的可读性，并节省内存。主要应用在算术、比较、逻辑运算以及赋值方面。

算术运算符

加法（+）和减法（-）用通常的数学符号表示（见第92页），乘法和除法则不然。还有几个在编码中更复杂的常用数学运算也有速记符号。

1. 乘法用星号表示，而不是使用读起来可能令人易混淆的 × （对人类和计算机来说都是如此）。

2. 电脑键盘上没有除号（÷）。用正斜杠表示除法。

3. 模运算符给出除法的余数，就像模运算一样（见第103页）。例如，5%2=1，因为2能整除5两次，余数为1。

4. 用双斜线对除法运算的结果作"向下取整"：当运算结果不为整数时，取小于运算结果的最大整数。例如，7/3=2.33…，但 7//3=2。

5. 双星号用于计算一个数字的某次幂。例如，要计算3的5次方（3^5），该操作将表示为 3**5。

1 `*`
2 `/`
3 `%`
4 `//`
5 `**`

关系运算符

  这些操作比较运算符两侧的两个值，然后返回布尔值 True（真）或 False（假）（见第 183 页）。

  6. 在编程中，= 符号用于赋值，== 用于比较。== 检查两边的值（例如，x==y），如果两个值相同，则返回"真"。如果值不相同，则返回"假"。

  7. 感叹号是用来否定等式的。如果两边的值不相同（不相等），则比较返回"真"。

  8. "大于"和"大于等于"符号由不带或带 = 的＞表示。如果左边的值大于右边的值，则返回"真"。

  9. 类似地，"小于"或"小于等于"符号由不带或带 = 的＜表示。如果左边的值小于右边的值，则返回"真"。

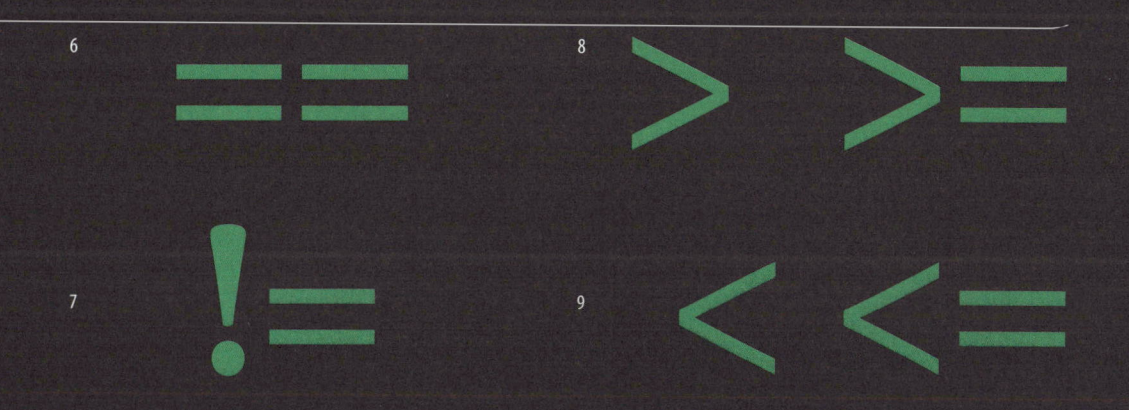

6 `==`
8 `>` `>=`
7 `!=`
9 `<` `<=`

正则表达式

在编程中，正则表达式可以用来搜索和处理数据，是非常强大的工具。使用一组符号来指定一个模式，该模式可用于搜索与给定模式匹配的内容。

当你使用搜索框查找一个词时，返回的结果将是包含该词的任何内容。例如，搜索"the"可能会匹配"the best""now then"或"another"。正则表达式（regexes）可用于搜索文本块或"字符串"，再加上更复杂的规则，就可用于搜索引擎和文字处理软件，以及验证表单和编程中输入的数据。它们还与数学中的形式语言理论有关。

177 页的符号用于指定正则表达式搜索查询。根据你使用的语言和软件，正则表达式的语法可能略有不同，这里给出的约定是相对标准的。

由于某些字符在正则表达式中含有特殊含义，比如?，*，和+，要搜索包含这些字符的术语，必须在符号前加一个\（反斜杠）来"转义"该字符，这样它就不会被当作正则表达式的一部分。

表示	意义
hello	完全匹配单词"hello"
[abc]	匹配一个字母："a""b"或"c"
(hello|bye)	匹配单词"hello"或单词"bye"
hello.*bye	匹配任何包含单词"hello"的字母串，并且此字母串中"hello"后某处还有单词"bye"：这将匹配"hellobye"或"hellogoodbye"，但不匹配"helloyou"
a(hello|bye)	匹配前面是"a"的单词"hello"或单词"bye"；会匹配"ahello"，但不会匹配"bhello"或"bye"
x*	由多个"x"组成的单词，包括零个"x"；将匹配空单词、"x"、"xx"、"xxx"等，但不匹配"xy"
[abc]*	匹配由集合"a""b"或"c"中的零个或多个字符组成的单词；将匹配空单词、"abaca"和"aaaa"，但不匹配"acbd"
x+	匹配由一个或多个"x"组成的单词；将匹配"xx"，但不是空单词
(hello|bye)?you	匹配单词"you"，前面可以是"hello"或"bye"；如将匹配"you"和"bye you"，但不匹配"hello"
[aeiou]	匹配一个元音
[A-Z]	匹配字母表中的单个大写字母
[A-Z][a-z]{4}	匹配开头为大写字母的五个字母的单词；会匹配"Hello"，但不会匹配"heLLo"或"Four"
[0-9]	匹配单个一位数字
[0-9]{5}	匹配恰好五位数的数字，例如五位数的美国邮政编码
[0-9]{5}(-[0-9]{4})?	匹配一个有五位数字的数字，可以选择在它后面加上短线和另外四位数字，比如五位或九位邮政编码

电路图符号

在电路图中，用许多专业符号表示电气元件。

导线

电气元件必须使用导线连接在一起，导线是一种电导体，通常由铜制成。

	金属丝	一根简单的导线。
	接合导线	斑点（圆圈）表示导线连接或焊接在一起。
	非接合线	如果两条导线相互交叉而没有圆点，则它们没有连接。这可以通过画一根跳过去的线更清楚地表达。

电源

电路需要电力，电力来自电池等。

	电池单元	电源。较长的条形代表正电极。
	电池	电池由多个电池单元组成。
	太阳能电池	太阳能电池利用阳光产生电流。
	直流电	电源提供直流电，例如为移动电话充电的设备。
	交流电	家庭用电是交流电。
	接地	这代表了电流最终流向的点。
	保险丝	如果电流过大，保险丝会熔化，切断电源，以确保安全。

开关

  这些开关可以接通和关闭电路，还可以将电流转接到合适的元件上。

 单向开关	合上时，电流流动。
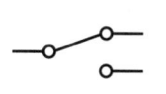 双向开关	可以在两根电线之间进行选择。
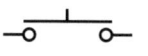 推动打开	按下开关将接通电路，产生电流。
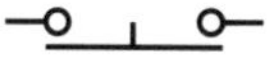 推动断开	如果需要暂时切断电源，按下开关将断开电路。
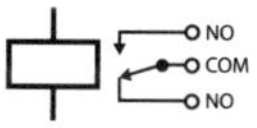 继电器	有时需要的电力超过一个简单的开关的允许量，就需要继电器，通过另一个单独的电路安全地传递大量的电流。

输出

  电路做的有用的功——制造光、噪音、热量或运动。

 灯	发光。
 发光二极管	发光二极管（LED）使用巧妙的物理化学原理将电能转化为光能。
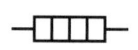 加热器	电能直接转化为热能。
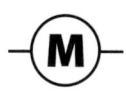 发动机	将电力转换为机械运动。

电阻

  电阻在减少电路中的电流，以防止损坏精密元件中起重要作用。有关电阻的更多信息，请见第 180 页。

 可变电阻	电阻可改变。
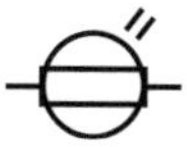 光敏电阻	电阻值随光照量的变化而变化。
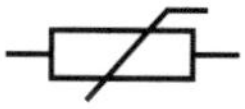 热敏电阻	电阻值随温度变化。

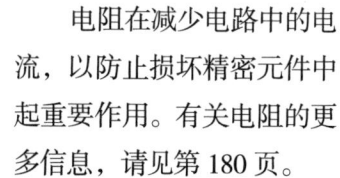

电路图符号 | 179

电阻器

电阻器是减少电流流动的元件。连接到电路的设备可能被过大的电流损坏，连接电阻是很有用的保护手段。

当电流通过电加热元件时，产生的热量可以用来烧开水或给房间供暖。老式灯泡通过一根非常细的灯丝传导电流，灯丝会发热从而发光。加热器和灯泡实际上都是电阻器——电流受到限制，多余的电流会转化为热量。

在复杂的电路中，必须精确控制电流。为此，电子工程师使用电阻器元件来定量调整电流。

电阻值通过 1 安培的电流流过电路所需的伏特数确定。例如，如果 1 安培需要 200 伏才能流动，那么电阻值为 200 欧姆（Ω）。

有许多不同类型的电阻器，从 1 到 100 万欧姆不等。通常，不在电阻器上印刷具体的电阻值，而是使用彩色环表示。

▲ 老式的灯丝灯泡使用了高电阻的细线。由于高电阻的存在，电会以热和光的形式消耗。

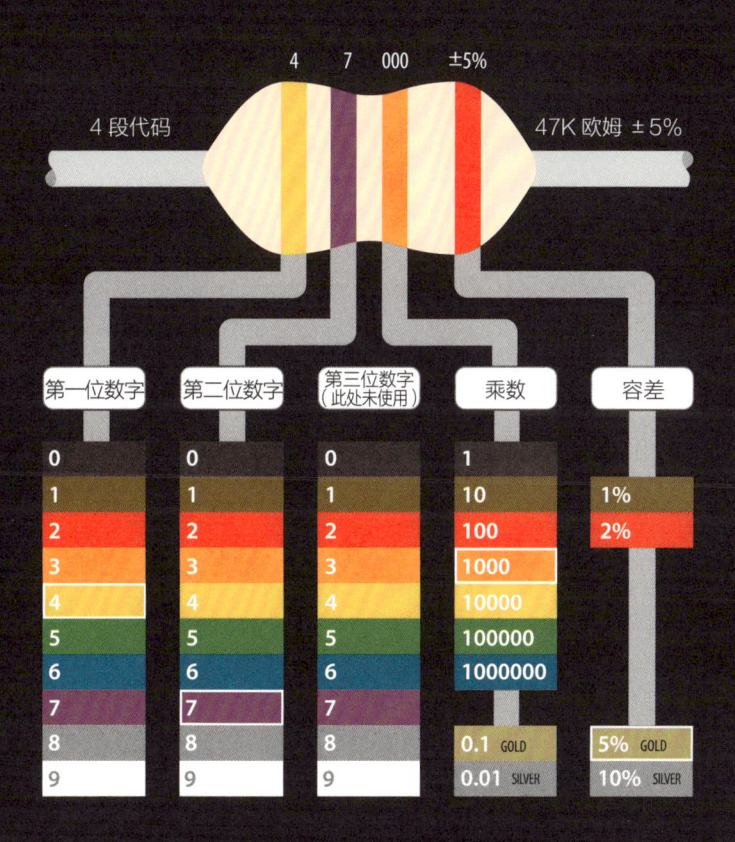

如何计算电阻值

1. 放好电阻器，使三个（或更多）彩色带位于左侧（如上所示），可以看到最右侧彩条（棕色、红色、金色、银色）中有空白段。

2. 前两个或三个彩色环给出电阻的前两位或三位数字。在所示的电阻器中，前两种颜色是黄色和紫色，表示 4 和 7。

3. 第一部分的最后一个彩色带表明一个乘数，告诉你必须将第一个数字乘以多少。在这里，它是橙色的，这意味着你乘以 1000。因此，图中电阻值是 47 乘以 1000，即 47000 Ω（也写作 47 kΩ）。

4. 最后一个彩环表示容差，或者电阻值（你在上面计算的值）的准确度。我们的电阻器最后一根色带是金色，这意味着它的容差是 ±5%，也意味着电阻器的电阻介于 44650 Ω 与 49350 Ω 之间。

布尔逻辑

计算机由多种类型的部件组成，最重要的是中央处理器内部的晶体管，这里是计算机的大脑。这些晶体管可以处于两种状态之一：电流流动（开）或不流动（关）。

一种表示方式是二进制。

ON	1	True
OFF	0	False

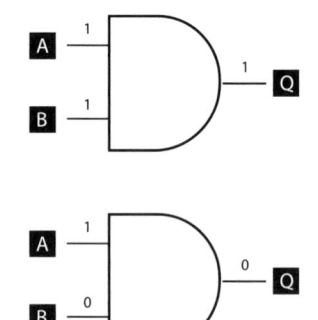

布尔逻辑和逻辑门

术语"布尔逻辑"（Boolean Logic）描述了一种按照既定规则将两个二进制状态组合成一个结果的方法。这种逻辑既用于物理组件（称为逻辑门），也用于代码。

逻辑门由一系列晶体管组成，允许以三种不同的方式组合输入：与门（AND gate）、或门（OR gate）和非门（NOT gate）。

在与门中，为了使电流流向输出端（Q），两个输入端（A 和 B）都必须有电流流动。

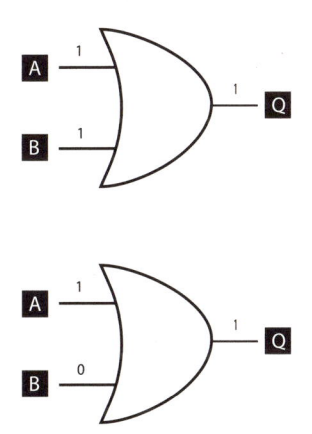

在或门中，为了使电流流向输出端，A 或 B 必须有电流流过。如果没有电流流过，则输出也是 0。

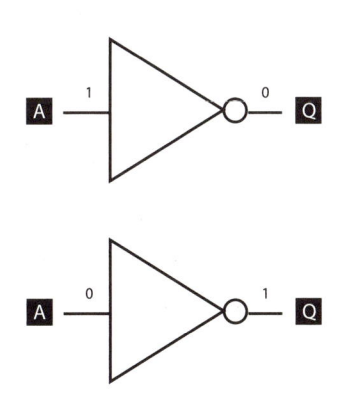

非门产生与输入相反的结果。如果输入端有电流流入，则输出端不会有电流流入；如果输入端没有电流流入，则输出端"有"电流流出（真值）。

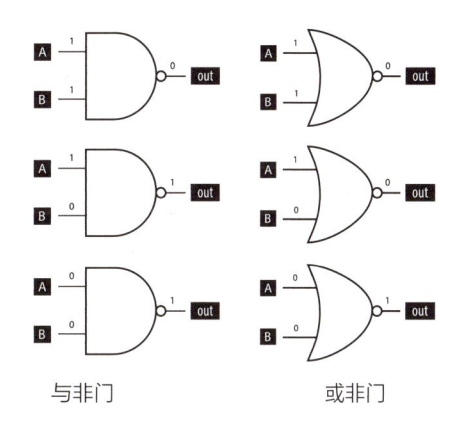

与非门　　　　　或非门

在"与"和"或"门符号上加上一个圆圈，得到"与非"和"或非"的符号，它们产生的结果与它们的对应符号相反。

代码中的逻辑运算符

代码中还使用布尔逻辑来比较两个值为真或假的变量，比较的结果为真或假。

&& or AND

如果变量 x 和变量 y 都为真，则返回真。否则，它返回假。

|| or OR

如果变量 x 或变量 y 为真，它将返回真。否则它将返回假。

! or NOT

NOT 语句取反 AND 或 OR 逻辑运算符的答案。和与非门一样，其中变量 x 和 y 均为真时，与非运算将返回假。

布尔逻辑 | 183

其他表示方法

除了符号外，视觉上表现科学有时还用其他方法，如图表、图像，甚至符号在页面上的位置都可以用来示意。本节介绍历史上一些符号化表达科学和数学的方式，用正式符号表达的概念，以及使用数学方式生成的美丽图像。

其他符号

在标准的计算机键盘上还可以找到我们还未讲到的其他符号,其中一些用于数学和科学领域。

当一个值可能取决于另一个变量时,在描述测量或反应的条件时,通常使用"@"符号。例如,液体或气体的密度可能随温度而变化,因此通常会给出一个密度值,如 $0.1gL^{-1}@20℃$。

在化学中,@用于表示捕获的原子或分子,例如 La@C60 表示捕获在富勒烯60个碳原子组成的笼中的镧原子。该符号在遗传学中也用来表示染色体上一个名为基因座的区域,在该区域可以找到特定的基因。

当在屏幕上输入数学文本时,与手写或使用数学排版软件不同,键入上标和下标通常太慢或太困难,但这些在数学符号中又有许多重要的含义(见第190页),所以有一种明确写出它们的方法是很重要的。

插入符号(^)通常用作上标的简写(2^3 可以表示 2^3);同样,下划线用于下标:x_n 表示 x_n。这是排版语言 LATEX 的一部分,广泛用于科学和数学出版。

最近在社交媒体标签中使用的哈希符号（也称为井号）最初用于表示一个数字：#2 读作"数字 2"。它在编程中广泛使用，通常用来表示代码注释：程序员留下的纯文本注释，用来描述一段代码的用途。

哈希符号在数学中用于表示集合的大小：如果集合 S 包含四个元素，则用 #S=4 表示。它也在拓扑中用于表示两个形状或对象的连接和。例如，给定两个结，K 和 L，K#L 表示在一个点切开 K 和 L，然后将松散的两端连接形成的结。

这个符号称为节符号，用于表示一节的开始，在数学和科学论文中常用来表示节：§1、§2 等。

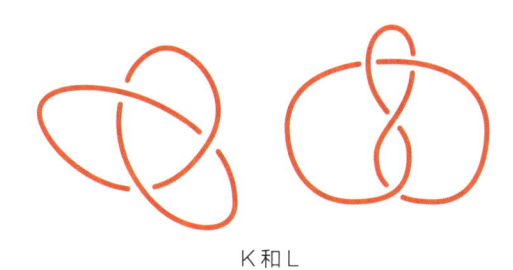

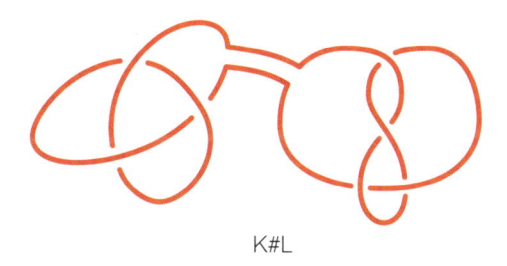

K 和 L

K#L

其他符号 | 187

维恩图

当处理数学中的集合时，将一个概念可视化可能会有所帮助。19世纪80年代，数学家约翰·维恩（John Venn）推广的维恩图常用于展示集合之间的关系，在集合论、概率、逻辑、统计学、语言学和计算机科学中有广泛应用。

双圆维恩图

如果一个对象可以有两个属性 A 和 B，我们可以用它们将所有对象的集合（有时称为全集 U，如图所示）分成四个区域。每个圆代表其中一个属性：圆内的点具有该属性，而圆外的点没有。

例如，如果 U 是"所有交通工具"，A 是"红色"，B 是"有轮子"，那么红色雪橇会在 A 圈中，但不会在 B 圈；一辆绿色卡车会在 B 圈中，但不是 A 圈；一辆红色汽车将在中间的重叠区域。一艘蓝色气垫船将在两个圆圈之外的区域。

图中的某些区域对应于组合集合的不同方式，见第 108 页。

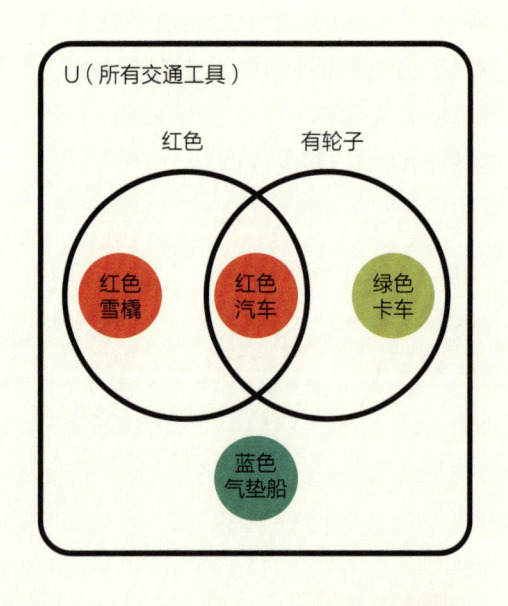

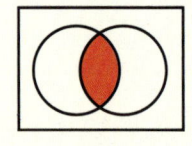

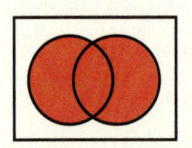

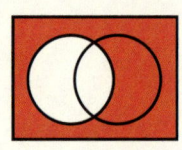

A∩B（交集）　　A∪B（并集）　　A△B（对称差集）　　B\A（差集）　　Aᶜ（A 的补集）

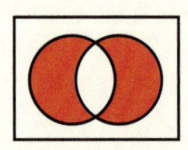

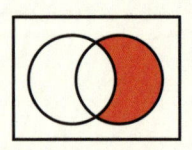

两个以上的区域

维恩图也可以为两个以上的属性构造。对于三个属性，图是三个重叠的圆。再往上，形状需要更加复杂：四个重叠的圆并不能覆盖所有可能的组合。如果一个图只显示了部分但不是所有可能的重叠，它被称为欧拉图（Euler diagram）。

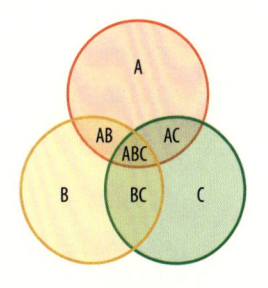

三向维恩图

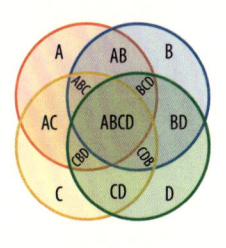

欧拉图（没有"属于A和D，但又不属于B或C"的区域）

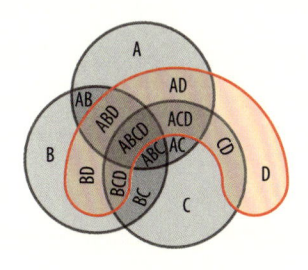

四向维恩图（所有区域都存在）

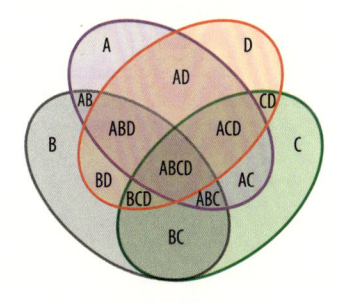

制作四向维恩图的另一种方法

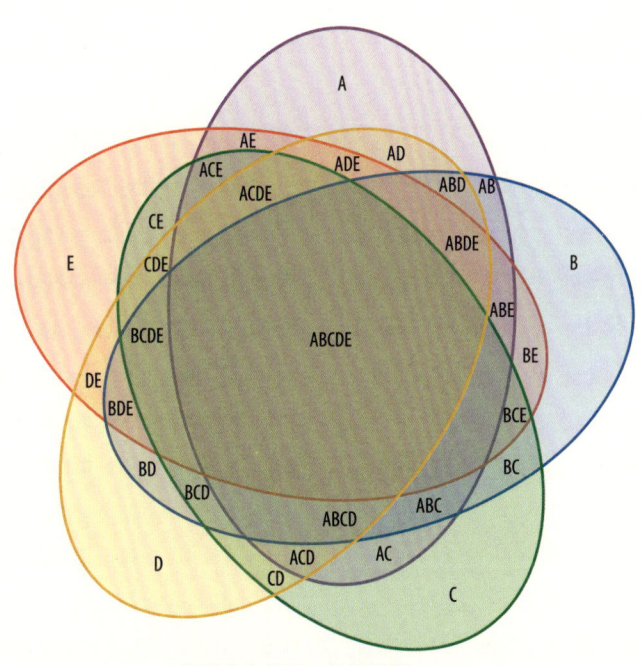

数学家布兰科·格林鲍姆
（Branko Grünbaum）
设计的五向维恩图

维恩图 | 189

配置

纵观科学和数学，符号所传达的意义不仅取决于所使用的符号本身，还与其相对于其他符号的位置有关。上标和下标在各种文本中具有特殊的含义。

$$f^3(x) = x^9 \quad Fe^{2+} \quad {}^{14}C \quad 4^{th}$$

上标

在数学中，上标用于表示对数字取幂运算，例如，$a^4 = a \times a \times a \times a$；它也用于表示多次应用函数：$f^2(x) = f[f(x)]$。

在某些符号系统中，上标括号中的数字用于表示多重导数（见第118页微积分）：$f^{(2)}(x) = d^2 f/dx^2 = f''(x)$。

在化学和物理学中，上标符号用来表示离子和亚原子粒子的正负电荷：Cl^-、Pb^{4+}。

如果一个化学符号前面有一个上标数字，这表示它是一个同位素：原子核中有质子数相同而中子数不同，使其具有不同的原子质量，如：${}^3He$，${}^{12}C$。

上标也用于表示英语中的序数，例如 1st、2nd、3rd，表示数字顺序（不同于基数，基数是用于计数的数字：1、2、3）。

> **新标准**
> 1637 年，数学家勒内·笛卡尔第一个用上标来表示幂。在此之前，使用的是各种其他符号，包括罗伯特·雷科德发明的特殊符号（见第 196 页）。

$$x_3 = 1000101_2 \quad t_{初始} = 0°C$$

下标

在化学中，分子式使用下标数字表示分子中存在的原子的个数：H_2O 包含两个氢原子和一个氧原子。

在数学中，下标数字用于编号，在列表中有多个值或多个条目的情况下使用：x_1、x_2、x_3。

下标符号在物理学中用于区分亚原子粒子的类型：ν_e、ν_μ 和 ν_τ 是中微子的不同轻子类型。

在力学和工程学中，下标的文字可用于指示变量的不同状态：$t_{初始}$、$t_{结束}$。

当以非十进制书写一个数时，下标数字用来表示数字基数。数字基数写在数字之后，这种表示法通常用于表示两个不同基数的数字相等的情况：$101_2 = 5_{10}$。

古代炼金术符号

作为现代化学的先驱，炼金术的目的是将暗淡的普通金属变成黄金，创造出能治愈所有疾病的长生不老药，揭开永生的秘密。

像现代科学家一样，炼金术士使用一套符号进行书面交流。这些符号代表了经典的元素学说和气质学说。

四大元素

在发现化学元素构成所有客观物质之前，古代文化和炼金术士认为物质可以用四种经典元素来描述。

除了这四种经典元素，炼金术还增加了三种描述物质属性的元素。

其他常见元素（称为普通元素）也被表示成符号。通常情况下，元素符号的形式会稍微改变，以表明它们是从哪种矿石中提取出来的。

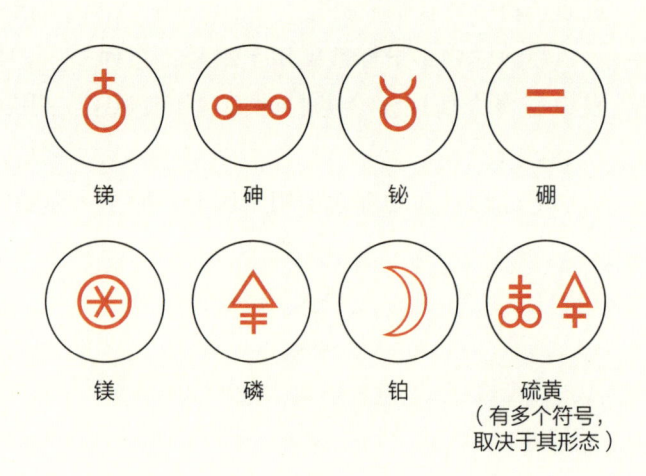

气　　土　　火　　水

硫黄/硫黄燃素，或可燃性元素　　汞 赋予金属特性　　盐 提供坚固性或稳定性

锑　　砷　　铋　　硼

镁　　磷　　铂　　硫黄（有多个符号，取决于其形态）

古老的金属都被赋予了与星体相对应的符号。

炼金术也使用符号表示时间和重量单位。

金属	星体	符号
铅	土星	♄
锡	木星	♃
铁	火星	♂
金	太阳	☉
铜	金星	♀
汞	水星	☿
铂	月亮	☽

名称	符号	度量
小时	⊗	
月份	⊠	
夜晚	♀	
德拉姆（半德拉姆）	ʒ (ʒβ)	约2克
盎司（半盎司）	ʒ (ʒβ)	约28克
吩	ϑ	约1克
磅	℔	约450克

炼金术士也为一些常见的混合物和化学制品制作了符号。

| 酒精 |  硝酸 |  乙酸（醋） |

符号用于表示实验过程中的设备或复杂过程。

项目	符号	描述
坩埚	▽	加热到高温以分解物质的陶瓷容器
蒸馏器	𝕎	用于蒸馏提纯的古老设备
恒温水浴	MB	也称为水浴锅，用于缓慢加热物质
蒸煮架	ϭ	用来支撑设备
升华	⌒	将物质从固态直接转化为气态而不经过液态
沉淀物	⌐	在反应过程中出现在液体中的固体物质
蒸馏	∧	将液体加热成蒸汽进行提纯
溶解	ƒ	将固体与液体混合直至溶解
提纯	ʊ	从混合物中分离出单一物质
腐败	Ψ	动物尸体或其他有机物的分解

欧几里得的几何公理

1847年，英国作家、土木工程师奥利弗·伯恩（Oliver Byrne）出版了由欧几里得（Euclid）于公元前300年左右撰写的古代数学文本《几何原本》的新版本，这是数学可视化的重大事件。《几何原本》概述了几何学的基本公理，伯恩用彩色图赋予了这些公理生机。

欧几里得的公设

欧几里得将几何学的基本规则简化为一组公设：

公设1：任意两点之间有且只有一条直线。

公设2：两点之间的直线可以向两个方向无限延伸。

公设3：给定一个点p和一个距离r，可以作一个唯一的圆，圆心为p，半径为r。

公设4：任意两个直角都相等。

公设5：给定一条线和一个不在线上的点p，有且仅有一条线穿过p，与原线平行。

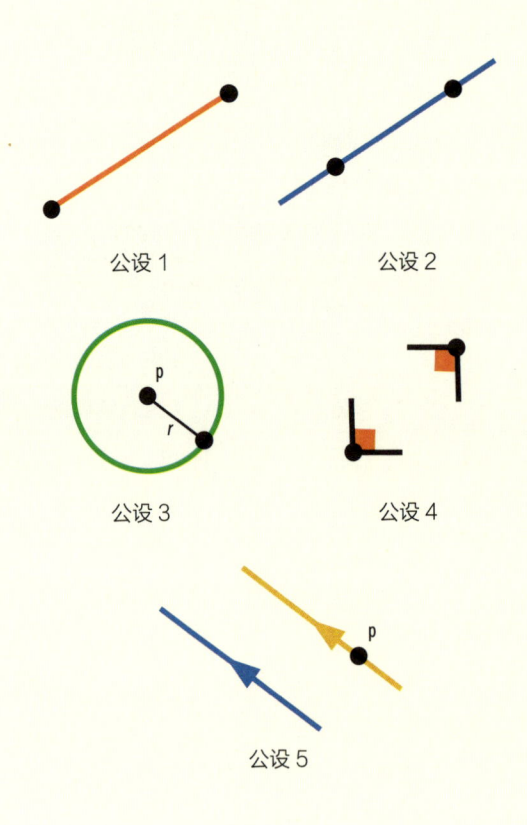

最初的《几何原本》写得非常仔细，列出了基本公理，然后用它们来证明越来越复杂的事实。虽然它包括图，但这些图绘制得非常简单，仅用字母标记点、线和角度。

奥利弗·伯恩的版本包括了前六部《几何原本》的所有证明，但使用了明亮的颜色和简单的图来说明这些想法，欧几里得的话被改写成现代语言。

在这个例子中，我们看到了如何利用给定一条线段作为三角形的第一条边，构造等边三角形。画两个圆，都以该直线为半径，但以它的两端为圆心。圆的交叉点与线段两端的距离相同。

这是因为圆的定义是所有与圆心距离为固定半径的点的集合。因此，将线的两端与交叉点连接所形成的三角形就是等边三角形。

用给定的线段（——）来构造等边三角形。

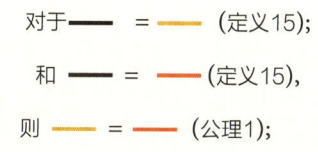

画 ○ 和 ○ （公设3）；画 — 和 — （公设1）

得到的三角形 △ 是等边的。

对于 — = — （定义15）;

和 — = — （定义15），

则 — = — （公理1）；

因此，三角形 △ 就是所求的等边三角形。

▲ 伯恩对欧几里得几何原本的再创造，第1册，命题1。

记录符号

罗伯特·雷科德（Robert Recorde）是威尔士的医生、数学家，曾为英格兰国王爱德华六世效力，1557年他出版了一本名为《砺智石》的图书。这本书包括一个关于数字的幂的章节，并引入了一种新的命名幂的符号形式。

《砺智石》问世的那个年代，人们已经知道可以对数字进行二次方、三次方操作，但是还没有引入幂的上标符号——没有人会用 2^4 来书写 $2×2×2×2$。雷科德建议，由于幂可以分解成它们的因子——即 $x^{m×n}=(x^m)^n$——可以用这个特点来命名每种幂。

雷科德用"zenzic"表述二次幂，用"cubic"表述三次幂，分别用符号 z 和 & 表示。因此，一个数字的 4 次幂称为"zenzizenzic"或"zz"（二次幂的平方），6 次方称为"zenzicubic"或"z&"（三次幂的平方）。对于其他素数幂，使用术语"sursolid"（符号：sz），5 次幂是"第一个 sursolid"，7 次幂是"第二个 sursolid"，依此类推。

这引入了一个令人舒适的结论，即 16 次方将被写为 zenzizenzizenzic："平方的平方再平方"。

遗憾的是，这种符号并没有流行起来，但书中的其他几个概念却被大众接受了。由于厌倦了频繁书写"等于"，雷科德建议可以用两条相同长度的水平线作为表示相等的符号，"因为没有比这更相等的东西了。"这是第一次在英语文本中使用现在普遍使用的等号（=）的记录（一份 1465 年的意大利语手稿更早，可能是雷科德的灵感来源）。

x的幂	雷科德数学术语*	符号
x^2	平方或x的zenzic	z
x^3	Cubic	&
x^4	Zenzizenzic	zz
x^5	第一sursolid	sz
x^6	Zenzicubic	z&
x^7	第二sursolid	bsz
x^8	Zenzizenzizenzic	zzz
x^9	Cubicubic	&&
x^{10}	第一sursolid的平方	zsz
x^{11}	第三sursolid	csz
x^{12}	Zenzizenzicubic	zz&
x^{13}	第四sursolid	dsz
x^{14}	第二sursolid的平方	zbsz
x^{15}	第一sursolid的三次方	&sz
x^{16}	Zenzizenzizenzizenzic	zzzz

* 译者注：雷科德在书中引入了一套系统来描述数的各种幂。zenzic（符号 z）意为二次方，可能源于德语，cubic（符号 &）表示三次方，sursolid（符号 sz）表示比三次更高次幂，但因为四次方可用取两次二次方表示，所以"第一 sursolid"表示五次方。

纽结记号和杂耍记号

科学家为书写和交流他们的主题而发展起来的想法也可以扩展到其他领域，其中包括一些意想不到的领域。

纽结理论研究的是如何使用一根绳子打结以及解结。研究纽结可以让我们识别"主要的"纽结；可以通过将它们拼接在一起而制成其他结。这一领域在研究蛋白质链和DNA、液体混合甚至太阳的结构方面都有应用。

纽结图是将三维的结平面化，并将其简化为最简单的形式。纽结是根据绳子的交叉数来分类的；也就是说，可以画出它们的最小交叉数。每个结下面的数字用亚历山大－布里格斯（Alexander-Briggs）记号表示，给出交叉数和编号。

给定一个纽结 K，可以定义它的多项式，如亚历山大多项式（有关多项式的更多信息，请见第99页）。$\Delta_K(t)$ 是关于 t 的多项式——等于 t 的幂和（系数为实数）——是一个不变量，这意味着对于任何两个相同的纽结，它们的纽结多项式是相同的。对于平凡纽结，$\Delta_K(t)=1$，通过改变交叉点并相应地改变多项式，可以在简单纽结多项式的基础上构造更复杂的纽结多项式。

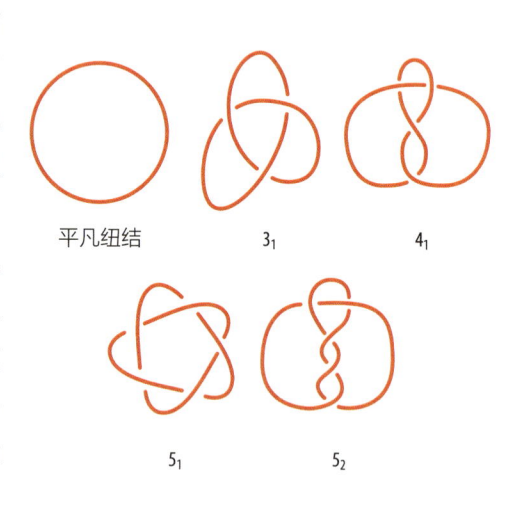

平凡纽结　　　3_1　　　4_1

5_1　　　5_2

$$\Delta_K(t)$$

198 | 科学符号

杂耍记号

杂耍技巧可以用各种图表和符号来编写。位换记号（也称为量子杂耍）是20世纪80年代开发的杂耍符号，在世界各地用于描述投掷的组合。

给定两只手中球的数量，以及抛接球的时间节拍，就可以用球在被接住之前在空中停留的节拍数来记录抛接过程。标准的三球杂耍包括扔出每个球，然后另一只手用三拍接住它，因此被标为"3"。

"531"表示高抛第一个球（杂耍五个球时使用的高度），第二个球在正常高度，第三个球直接传给另一只手。这些节拍数加起来是3的倍数，因此用时与三个球标准抛接一样。

由于发展了这种记号，杂耍者发现了"441"，这是一个包括两次中等高度的抛接球和一次传球的把戏。人们之前并未知道这种杂耍方式，但这是可以实现的。

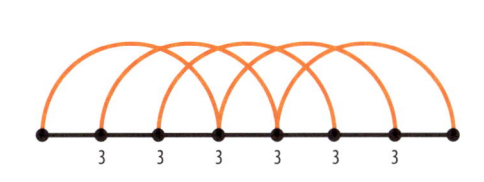

▶ 441杂耍戏法中球移动的路径。

舞蹈记号和敲钟记号

除了纽结和杂耍外，记谱法也被发展用于跳舞和敲钟。今天，虽然一些符号并不那么常用——特别是现在可以通过视频交流和记录舞蹈——但是敲钟中仍然使用很多传统的技法和记号。

舞蹈记号

不同类型的舞蹈和动作有大量不同的符号。许多是专门针对特定类型的舞蹈，但也有些可用来描述一般的人体运动，例如基于舞者鲁道夫·拉班（Rudolf Laban）的工作，于1928年推出的拉班舞谱。

拉班舞谱可以用来记录身体各个部位的运动。中间部分给出了躯干和腿部的动作，外侧的列显示了手臂的运动方式，左侧和右侧对应于身体的两侧。身体部位移动的方向由符号的不同形状给出，移动的高度由其颜色表示（较暗的符号较低）。时间沿着纵向往上运行，符号的高度表示它持续的时间有多长。

▶ 拉班舞谱的一些基本规则，以及一个舞蹈的例子。

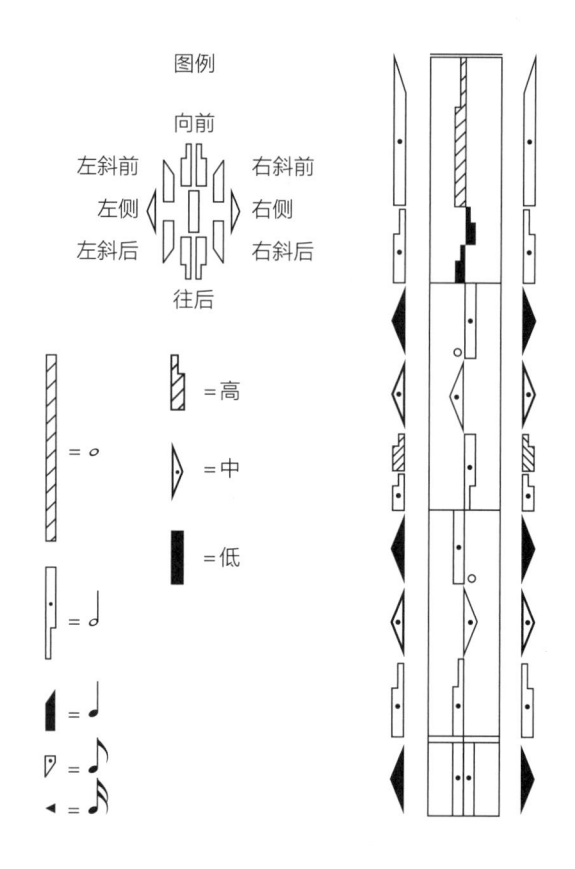

敲钟记号

传统的敲钟仪式是在钟楼上或用手摇钟进行的，一组钟会根据不同的音调进行调音。按一定顺序敲响以产生特定模式的钟声，这个过程被称为"换序敲钟"：每次敲钟时，它们都会以不同的顺序响起。因为这个过程需要非常精确的敲钟顺序，所以使用数字来记下模式。

右图展示了一个"简单追逐"敲钟模式。按每一行顺序来敲钟，首先敲响钟1，然后敲响2，然后敲响3，依此类推，完成每一行后再继续下一行。在这种模式中，每个钟每次都沿着一个顺序移动，直到它到达第一个或最后一个位置，它会停留两次，然后向另一个方向移动。图中的线显示了 1 号和 6 号钟的路径。

该模式可以与其他序列组合，以创建更复杂的变化模式。例如，"闪避钟"意味着在前进的过程中向后移动一步，而在"简单追逐"中加入变化序列鸣钟会产生一个"简单跳跃"。

由于这些模式每次都涉及更改钟的顺序，所以可以将更改视为数学排列（请见第46页）。因此，钟声与群论（见第24页）和图论（见第202页）都有联系。

▶"简单追逐"敲钟模式，其中每一行横排数字给出敲响六个钟的命令。

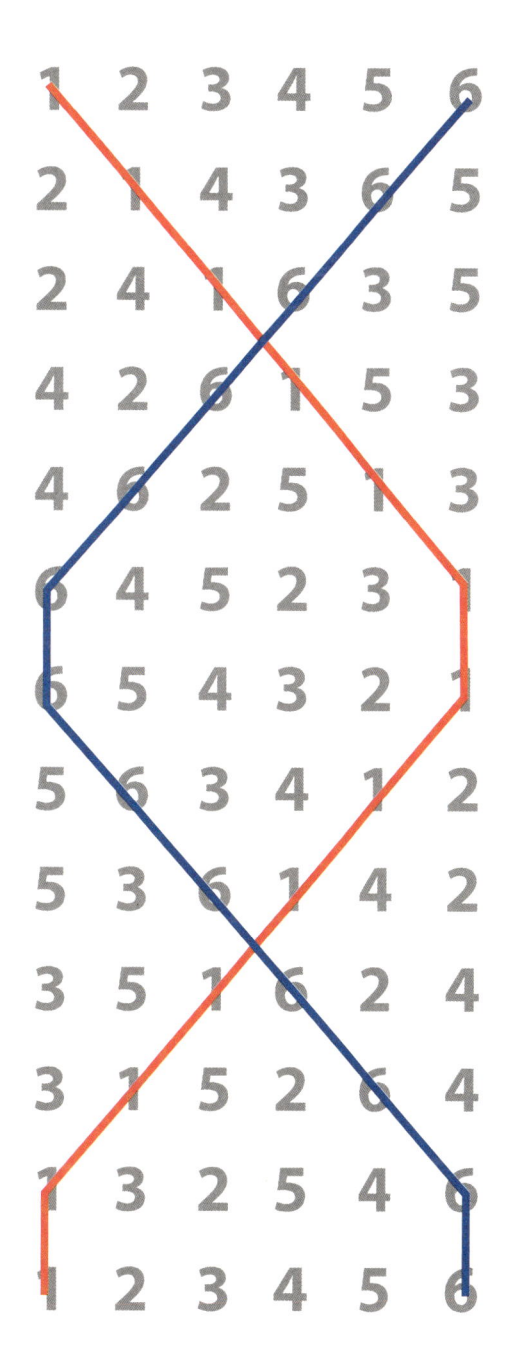

舞蹈记号和敲钟记号 | 201

图形

数学拥有强大的工具来理解系统的基本架构和各元素之间的联系。图形或者说网络图是一种简化复杂信息的好方法，这有助于研究此类系统。

什么是图形？

在数学中，图形的正式定义是一组节点或顶点（表示为 V），以及一组带有一对端点的边或弧（表示为 E）。

如果你画出来，会更容易看到、理解它的结构：每个节点用一个点表示，如果两个节点之间有一条边，就用一条线将它们连接起来。节点的确切位置并不重要，因为所要表示的信息仅仅是哪些节点与哪些节点相连。

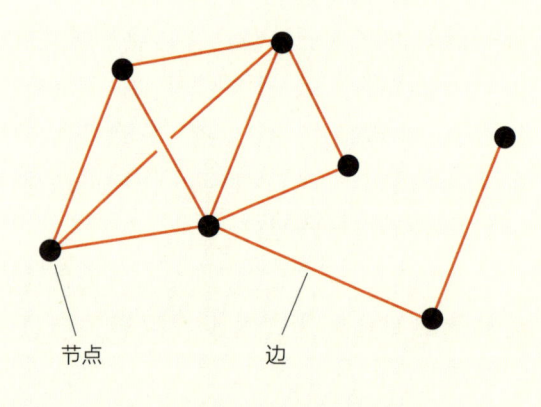

▲ 此图有 7 个节点和 10 条边，部分节点有连接，并不是"完全图"（见下页）。

图形类型

- 完全图是指每个节点都与其他节点相连的图。用 K_n 表示，n 个顶点的完全图包括 n 个节点，所有节点都有一条边连接。
- 连通图是指每个节点都至少与另一个节点相连的图。如果一个图有两个或多个部分，则它是非连通图。
- 平面图是一种可以在没有任何线交叉的情况下绘制的图。上页的图形示例可以重新绘制，以消除边的交叉，因此它是平面的。K_5 是最小的非平面图。
- 如果一个图的每条边都有一个方向，则称为有向图，箭头可用于指示允许沿该边行进的方向（或多个方向）。
- 如果一个图的每条边都有一个数字，则称为加权图。有向图和加权图都可以用来模拟真实世界的街道网络，方向指示你必须沿着该边移动的方向，而边的权重指示一定的信息，例如行驶时间。

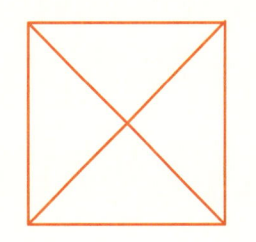

用图形建模

图论中一个著名的概念是"旅行推销员"问题：给定一个每条边都有旅行时间的加权图，访问每个节点的最短路线是什么？一般来说，这是一个很难回答的问题，尤其是网状图变得越来越大时。

图可以用于建模着色问题，其中共享一个边的两个节点必须被分配不同的颜色。还可以对网状图中的连接进行建模：例如，可以绘制一个图来显示在社交网络上拥有账户的人，用边来表示相互关注或成为朋友的人。

更抽象的概念也可以用图表来表达。想象一个图，图中的节点是数字 1 到 n，任意有公因式的两个数字之间都有边。这是一种表达数字之间关系的简洁直观的视觉方式。

图表

可视化数据是交流数学、统计和科学结果的一个非常重要的方面。观察者需要能够快速吸收和理解他们看到的信息，避免出现错误表达或混淆。以下是一些表示数据的常见图表类型。

条形图

条形图由垂直（或水平的）矩形条组成，每条代表一个数据点或类别，条形的长度表示其值。它们对于表示类别明确的数据很有用，并提供了一种通过查看条形大小来比较值的简便方法。

如果类别是范围——例如，年龄组——并且每个范围的大小大致相同，则条形图更有意义。例如，如果年龄组分别是 0~29、30~34、35~89 和 90 岁以上，要显示每个年龄组中满足给定标准的人数，这样的条形图不会给出有意义的比较，因为很容易就能想到属于第一组和第三组的人数会多于其他组。在这种情况下，直方图可能更合适，它是一种使用不同粗细条的条形图。

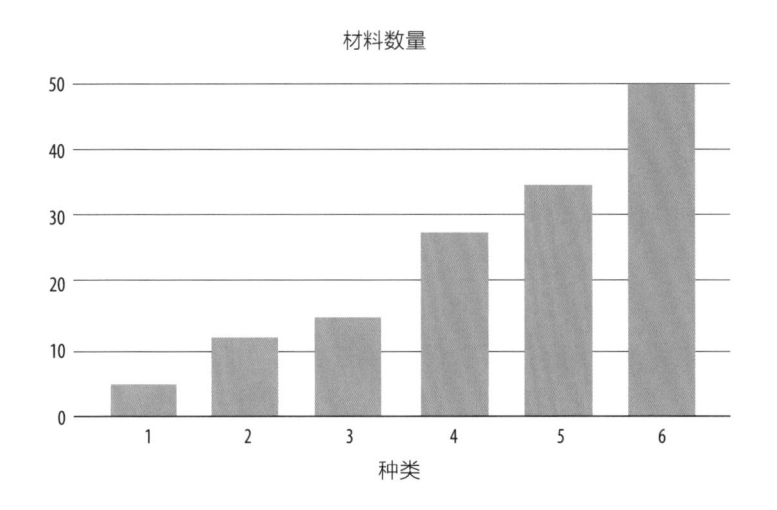

折线图

折线图呈现的是一个值是如何变化的，通常是随着时间的变化。数据在不同时间测量得到，折线图假设数据在数据点之间不断变化。严格来说，这可能并不总是正确的，尤其是在测量时间间隔很大的情况下，但是看到趋势并比较事物如何随时间变化是很有用的。

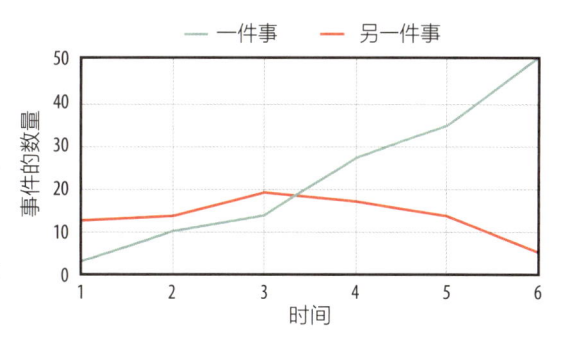

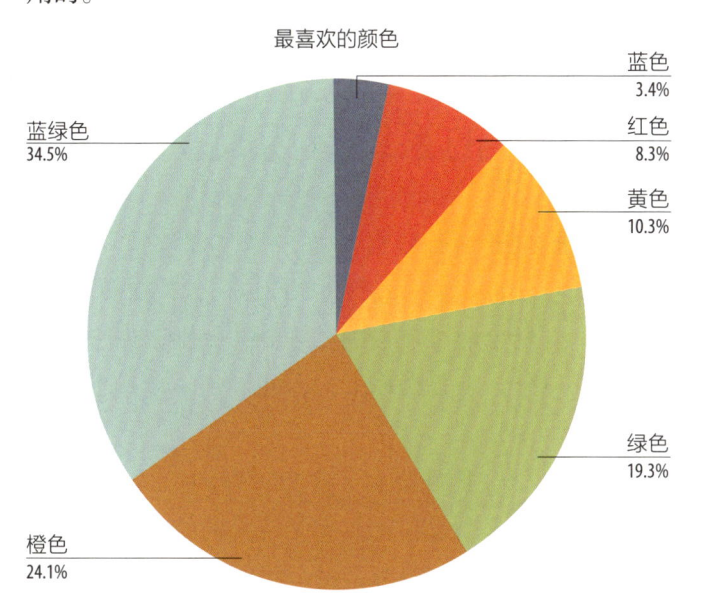

饼分图

饼分图是显示比例的有效方式：例如，如果一个群体中的每个人都恰好属于一个类别，则很容易通过他们所代表的圆圈的份数来了解每个人占的比例。

与条形图一样，重要的是要确保所展示的数据适合用饼分图来实现可视化。饼分图只有在数据代表整体的不同比例时才有意义，如果所有值都非常相似，可能更难阅读识别。

散点图

散点图最常用于传达科学实验的结果，尤其是在试图确定改变一个变量是否会影响另一个变量时。

笼统地讲，如果这些点在图表中移动时向上倾斜，这表明一个变量的增加对应另一个变量的增加（或者类似地，向下倾斜表示负相关）。在这种情况下，科学家可以继续探究这种关系存在的原因。

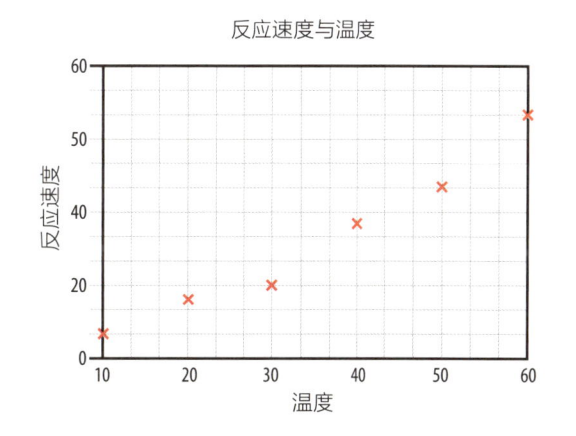

分形

分形是由数学定义的复杂结构,具有无限的细节和重复的模式。它们可以由简单的迭代过程生成,经常在研究动态系统时出现:对函数或过程重复应用,从而给出随时间变化的系统行为模型。

什么是分形?

分形的简单定义是很难写的,因为分形类型多样,产生方式各异。通常,分形的特点如下:

- 无限细节——任意尺度上都保持原有结构,因此无论你将分形放大到什么程度,总会发现更细小的结构。
- 重复模式——自相似性,意味着整个分形的较小副本,或看起来像它的部分,可以在分形本身的更小尺度上找到。

本书介绍一些著名的分形。

康托尔三分集

三等分 0 到 1 的线段,去掉中间那段,剩余两段再分别三等分并分别去掉中间部分,重复操作下去,就得到了最基本的一个分形。

下图显示了这个过程的前几个步骤,将这个过程重复到无穷大的结果就是所谓的康托尔三分集的分形。这个集合以德国数学家格奥尔格·康托尔(Georg Cantor)命名,该集的长度为零,因为所有被移除的部分的总长度加起来为 1,但它仍然包含无限多个点。

▲ 康托尔三分集包含无限多个点,但剩余直线的长度为零。

谢尔宾斯基三角形

谢尔宾斯基三角形以波兰数学家瓦茨瓦夫·谢尔宾斯基（Wacław Sierpiński）的名字命名，它的组成是一个等边三角形分成四个较小的等边三角形，中间三角形被去掉。如果这个过程在剩下的每个较小三角形上无限重复，结果就是一个分形。

每个部分都与整体具有相同的结构，形状的面积——通过从原始三角形的面积中减去三角形的面积得出——为零，而它的周长为无限长。

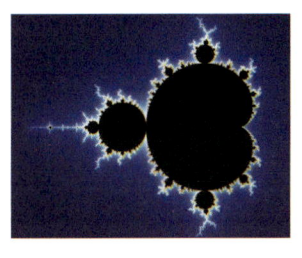

▶ 谢尔宾斯基三角形包含无限多个更小的重复三角形。

◀ 放大曼德博集合（顺时针，从左上角开始）显示其细节，包括集合本身的更多个副本。

曼德博集合

数学中最著名的分形之一，以法裔美国人本华·曼德博（Benoit Mandelbrot）的名字命名。它通过考虑复平面上特定函数的行为来定义（见第113页）。

复平面中的每个点 c 都可以用来定义一个复数二次映射，$f(z)=z^2+c$，该函数的行为可以通过从 $z=0$ 点开始应用函数来研究，并将函数重复应用于结果。对于平面上的某些点，$f^n(z)$ 的值将继续变大，发散到无穷远，但对于其他点，它会收敛，越来越接近一个固定点（或点集）。

对曼德博集合在平面上的结果着色，以显示点是否发散——如果发散，发散速度有多快。黑色区域包含函数有界的点，其外部是永远继续变大的点。

放大曼德博集合可以揭示其迷人的结构和细节。

分形 | 207

四元数

用 $\mathbb{H}$ 表示的四元数是实数（可以在数轴上显示的数字）的四维扩展。它们使用三个基本单位来定义，分别表示 i、j 和 k，每个单位都与复数单位 i 具有相同的属性：它们都是 -1 的平方根。这意味着这些数字可以乘以实数，就像在复数平面上一样（见第 113 页），它们之间也可以根据某些规则相乘。

任何四元数都写成三个基本单位 i、j 和 k 的总和，每个单位乘以实数的系数：$a+bi+cj+dk$。如果四元数相加，则每个基本四元数的系数分别相加：

$(a_1 + b_1 i + c_1 j + d_1 k) + (a_2 + b_2 i + c_2 j + d_2 k) =$
$(a_1 + a_2) + (b_1 + b_2)i + (c_1 + c_2)j + (d_1 + d_2)k$

如果四元数相乘，根据规则 $i^2=j^2=k^2=-1$ 可简化 i、j 或 k 的任何幂。还有一个附加规则，即三个基本四元数的乘积 ijk 也等于 -1。因此，我们也有：

ij = k	ji = -k	ki = j
ik = -j	jk = i	kj = -i

这意味着在任何两个四元数相乘之后——取第一个数字中的每一项，然后乘以第二个数字中的每一项——任何涉及两个或多个基本四元数乘积的结果都可以简化。例如：

$x = 3 + i$
$y = 5i + j - 2k$
$xy = (3 + i)(5i + j - 2k)$
$\quad = 15i + 3j - 6k + 5i^2 + ij - 2ik$
$\quad = 15i + 3j - 6k - 5 + k + 2j$
$\quad = -5 + 15i + 5j - 5k$

需要注意的是，四元数的性质意味着，如果计算乘积 yx，答案有所不同：在这种情况下，它将等于 $-5+15i+j-7k$。我们说四元数的乘法是不可交换的：乘法的顺序非常重要。四元数被认为是具有此属性的结构的一个重要示例——这一点与实数的乘法不同，在实数的乘法中，两个数字相乘的顺序并不重要，我们说实数乘法是可交换的。

由于在四元数出现之前，大多数算术都发生在可交换的数学结构中，因此可以认为四元数的发现揭示了数学的崭新一面，普通算术规则对其不适用，从而产生了许多新思想。

威廉·卢云·哈密顿

四元数最早是由爱尔兰数学家威廉·卢云·哈密顿在1863年描述的，他在外出散步时意识到了 i、j 和 k 之间的关系。受此启发，他在都柏林布鲁姆桥的石雕中刻下了等式 $i^2=j^2=k^2=ijk=-1$。今天，在雕刻地有一块牌匾，每年10月16日，附近的邓辛克天文台都会组织一次徒步活动，以纪念这一事件。

◀ 威廉·卢云·哈密顿（1805—1865）是爱尔兰数学家、天文学教授和爱尔兰皇家天文学家。

数学图表

理解一些抽象的数学结构最困难的一点是，如何找到一种方法将它们写下来，或者画一个图表来抓住它们的复杂性。以下是数学家使用专业图表交流想法的一些方法。

交换图

在探讨函数时（见第 98 页），记录是什么函数将对象从一个空间映射到另一个空间是很重要的。大多数函数在一个空间内映射：例如，函数 $f(x)=2x$ 可以应用于实数，得到的结果也是实数。

你也可以在实数和矩阵、群或拓扑空间之间定义一个函数，并在不同的空间之间建立多个函数映射。如果应用不同函数的两条路径会给出相同的结果，则使用交换图，如图所示。在这个图中，从 A 到 D，函数 f 可以应用于 A 中的一个对象，函数 h 可以应用于 B 中的结果对象；如果路径改由通过 C，应用函数 g 和 k，将获得相同的结果，它将映射到 D 中的相同对象。

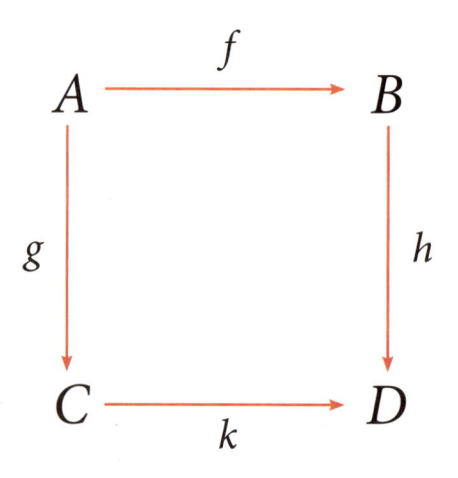

▲ 在这个交换图中，对于集合 A 中的某个对象 a，$h(f(a))=k(g(a))$。

交换图中还使用了一些其他符号来表示所涉及的函数类型。

↪ 钩形箭头：单射——该函数是一对一的，将每个对象映射到一个唯一的像。

↠ 双箭头：满射——函数的像映射到整个空间；每个元素至少被一个元素映射到。

⇌ 上面带有波浪号的箭头：同构——函数既是单射又是满射。

哈斯图

如果一组对象是有序的，比如实数集，那么可以比较集合中的任意两个对象并决定哪一个排在前面。

有时数学结构包含的对象不是严格按顺序排列的。例如，如果你考虑由所有可能子集组成的集合（幂集，见第 109 页），这组集合实际上不能真正按顺序排列，但它可以部分排序。

部分有序集或偏序集，只有部分元素能确定顺序关系。哈斯图，如右图所示，用于描述部分排序。在示例中，{x, y, z} 的子集按包含关系排序：如果一个集包含在另一个集中，那么它就在后者的"前面"，但是，例如，{x} 不包含在 {y, z} 中，因此在这个部分排序中它们之间没有关系——它们无法进行比较。

立方体

下面所示集合的哈斯图具有与立方体相同的结构，通常，大小为 n 的集合的幂集具有 n 维立方体的结构。

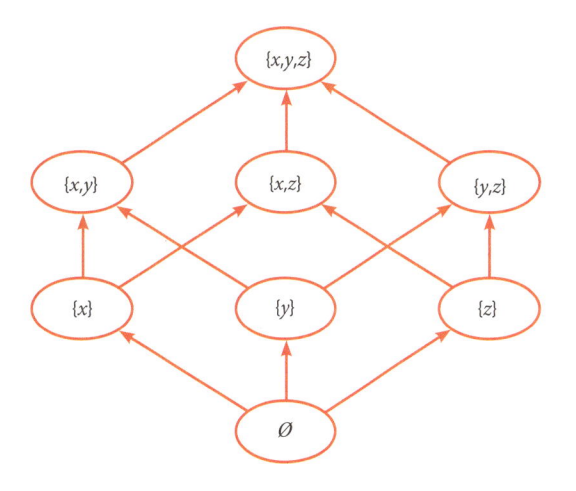

▲ 从 P({x, y, z}) 引入集合的哈斯图。

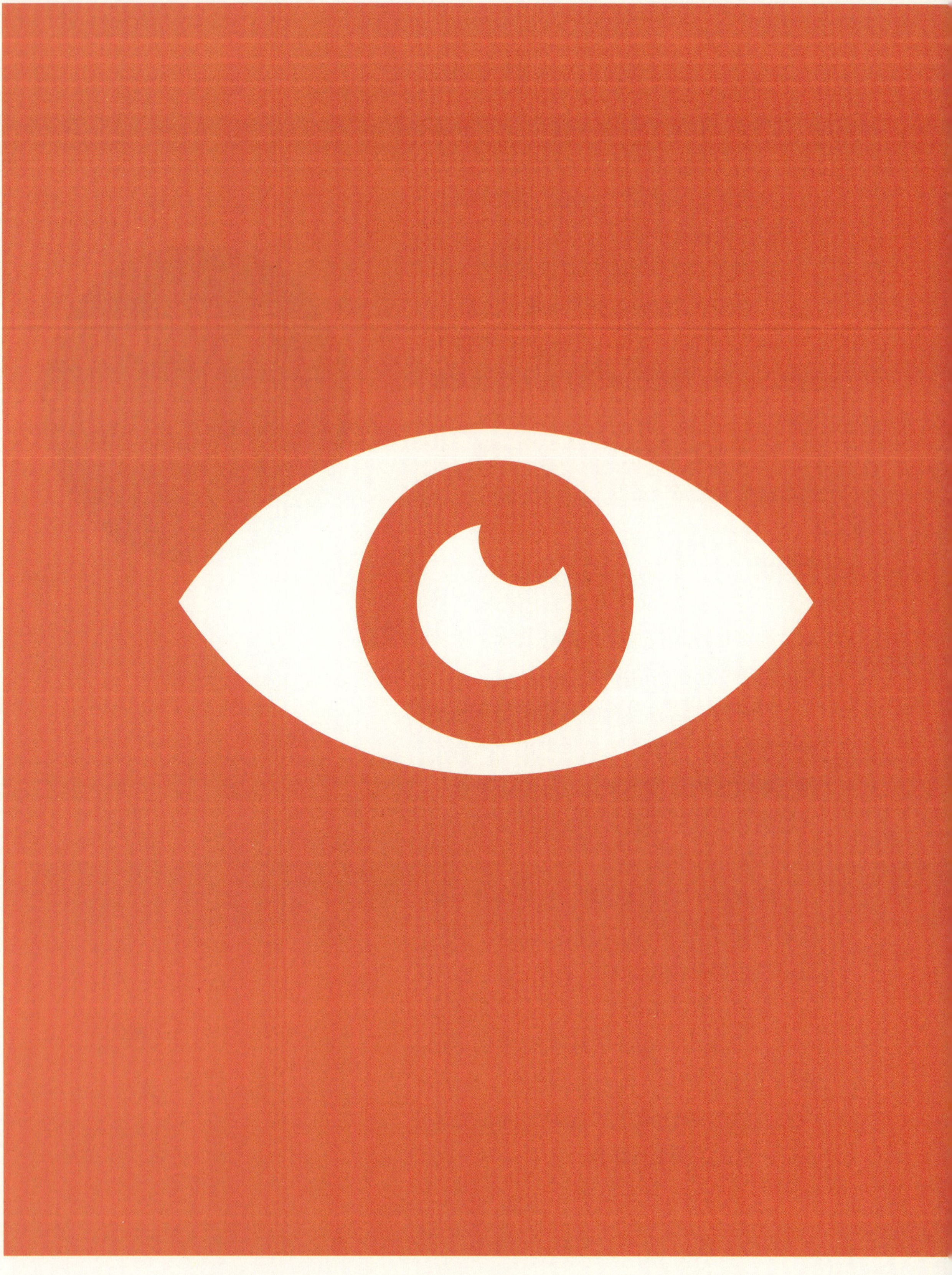

索引

  本书探索了科学思想在图片、图表和符号中的视觉表现。如果你不知道一个符号或形状叫什么，查找它是很困难的；为那些盯着一个奇怪的符号并想知道它是什么意思的人，我们编制了一个视觉索引。

符号索引

字母类符号

∈	106 页	元素属于某个集合
∀∃	110 页	所有/存在（逻辑学）
⊤	111 页	永真（逻辑学）
⊥	111 页	永假（逻辑学）
∥	116 页	垂直线
ℕ	112—113 页	数字类型
ℤ	112—113 页	数字类型
ℚ	112—113 页	数字类型
ℂ	112—113 页	数字类型
ℝ	112—113 页	数字类型
ℍ	112—113 页	数字类型
μ	61 页	希腊字母"谬"
σ	62 页 114 页	希腊字母"西格马" 统计学
♄	156 页	土星
§	187 页	节符号
V̇	193 页	酒精
⋈	193 页	蒸馏器
MB	193 页	恒温水浴
ƒ	193 页	溶解

有圆形的符号

○	168 页	家谱图中的女性符号
⚭	188 页	维恩图
⊗	92 页	张量积
⊕	157 页	地球
∅	107 页	空集
°	117 页	度数

符号	页码	含义
♂	157 页 193 页	火星 铁
♀	157 页 193 页	金星 铜
☿	157 页 193 页	水星 汞
♅	156 页	天王星
●	157 页	满月
☿	192 页	汞
⊖	192 页	盐
♁	192 页	锑
⊶	192 页	砷
☿	192 页	铋
✳	192 页	镁
☾	192 页	铂
☉	193 页	金，太阳
⚲	193 页	夜晚

其他简单几何图形符号

符号	页码	含义
□	82 页 168 页	施坦因豪斯 – 莫泽符号 家谱图中的男性符号
⊟	162 页	生物过程
▮	111 页	证毕
△	82 页 109 页 116 页 154 页 168 页 192 页	施坦因豪斯 – 莫泽符号 集合的对称差 三角形 棱柱体 家谱图中的怀孕符号 火
△→	137 页	反应中的加热
▲	198 页	亚历山大多项式
⬠	82 页	施坦因豪斯 – 莫泽符号
△̄	192 页	气
▽̄	192 页	土
▽	192 页	水
♆	192 页	硫黄
▽̄	193 页	硝酸
⊠	193 页	月份

符号索引 | 215

箭头类符号

符号	页码	说明
↗	150 页	力
/\	153 页	费曼图
▷	154 页	光线
→	210 页	交换图
↑	82 页	高纳德"向上箭头"
↑	137 页	气态物质
↓	137 页	固态物质
⇒	111 页	蕴涵
↯	111 页	矛盾
→	136 页	化学方程式
⇌	137 页	平衡箭头
↕	155 页	凸透镜
⌵	155 页	凹透镜
♆	156 页	海王星
ψ	193 页	腐败

直线类符号

符号	页码	说明
√	90 页	平方根运算符
+	92 页	加法运算符
	137 页	组合化学方程式中的反应物
	177 页	正则表达式中的一个或多个项
−	92 页	减法运算符
/	149 页	单键（化学）
	202 页	图形中的边
±, ∓	92 页	运算符
×	92 页	运算符
	109 页	笛卡尔积
$\vec{u} \times \vec{v}$	127 页	叉积
⊙	147 页	原子图中的电子
✠	193 页	乙酸（醋）
=	102 页	相等
	175 页	代码中的赋值
=	192 页	硼
//	149 页	双键（化学）

∥	116 页	平行线
∥	183 页	逻辑和代码中的"或"
≡	103 页	等号
Σ	62 页	希腊大写字母"西格马"
∞	100 页	无限
⟨ ⟩	95 页	尖括号
$\langle \vec{u}, \vec{v} \rangle$	127 页	内积
≤ ≥	105 页	不等式
∧	111 页 127 页	逻辑中的"与" 外积
∨	111 页	逻辑中的"或"
[ ]	95 页	方括号
¬	111 页	否定
⌐	117 页	直角
✳	157 页	恒星
∗	174 页	代码中的乘法和指数运算
★	177 页	正则表达式中的重复项
♎︎	193 页	磅，约450克
♎	193 页	升华
⊽	193 页	沉淀物
⋀	193 页	蒸馏

曲线类符号

∞	100 页	无限
ℵ	100 页	无限
∝	102 页	正比例关系
≈	102 页	近似
∼	103 页 117 页	等价关系 形状相似
≡	103 页	同余
≅	117 页	形状全等
( )	94 页	圆括号
{ }	95 页	大括号
{ }	106 页	集合

符号	页码	说明
⊆ ⊂ ⊇ ⊃	107 页	包含（集合）
∪ ∩	108 页	并集，交集
⚡	111 页	"危险的弯曲"——复杂逻辑
♃	157 页	木星
♄	193 页	铅，土星
♃	193 页	锡，木星
☾	193 页	银，月亮
⚜	193 页	小时
ʒ (ʒß)	193 页	德拉姆（半德拉姆），约2克
ʒ (ʒß)	193 页	盎司（半盎司），约28克
Ə	193 页	吩，约1克
▽	193 页	坩埚
ʃ	193 页	蒸煮架
℧	193 页	提纯

点类符号

符号	页码	说明
·	96 页	点
●	202 页	图形中的节点
÷	92 页	除号
∴	111 页	所以
∵	111 页	因为
※	111 页	矛盾

计算机键盘上的符号

符号	页码	说明
!	91 页 183 页	阶乘 代码中的"非"
%	85 页 90 页 174 页	百分比 百分比运算符 代码中的模运算
\	109 页	集合差
/	174 页	代码中的除法
&	183 页	逻辑和代码中的"与"
@	186 页	用于化学

#	187 页	数字		$\overline{AB}$	116 页	两点之间的连线
∧	186 页	上标		f' :	119 页	求导
_	186 页	下标		$\dot{f}$:	119 页	求导

以字母为基础的符号

$\overline{z}$:	91 页	复共轭		$\hat{V}$:	126 页	单位向量
				$\vec{0}$:	126 页	零向量
				$\underline{V}$:	126 页	向量

文字索引

（汉字词以拼音为序）

A

阿 10
阿伏伽德罗常数 40
埃及分数 86
埃及数字 73
艾 20
安培 10，144
安培，安德烈-玛丽 144
氨基酸 166-7

B

巴比伦数字 75
百 26
百分比 84，85，90
百兆 42
半径 45
胞嘧啶 160，161，165
比例关系 102
编程语言 172
标量 127，150
标准差 62，114-15
标准形式 20
饼图 205
波浪号 117，211
波长 60
玻尔模型 146-7
玻尔兹曼，路德维希 35
玻尔兹曼常数 35，145
玻色子 29，52，54，142，152，153，159
伯恩，奥利弗 194-5
伯努利数 13，58
捕获 186
不等式 95，105
布尔逻辑 182-3

布尔运算符 175

C

插入符号 126，187
长度 36，144
乘法 92，96
冲量 32
除法 92，97
磁场
磁场强度 29
磁通密度 12
催化 163

D

大O符号 41，83
大数 82-3
代码系统 78-81
代数数 10
单位矩阵 31，124
蛋白质 160，165，166-7
等号 102-5，175，196
等价关系 45，103，104
狄拉克 δ 函数 57
笛卡尔积 92，109
底夸克 12，44，159
点 42，96-7
点积 96，127
电场 18
电磁学 158-9
电导率 62
电动势 58
电感 37
电荷 44
电流 31
电流密度 32
电路 178

电容 15
电容率 58
电压 51
电子 18，146-7，159
电子电路 172，178-9
电子学 172-83
电阻 45
电阻率 62
电阻器 172，180-1
顶点集 50
顶夸克 44，48，159
逗号 96，97
对称群 46-7
对数 99

E

二进制数 70，172
二十进制 74-5
二项式函数 93
二项式系数 94
二元运算符 92-3，174

F

法拉第 23
法向量 40，127
反应产物 34，42，136-7
反应物 34，42，136-7
放射性 56，60
飞- 22
斐波那契，莱昂纳多 68
斐波那契数列 23
费曼，理查德 152
费曼图 142，152-3
费米子 142
分 16
分数 84-7

220 | 科学符号

分形 206-7
分子结构 148-9
伏特 51
浮力 12
复变量 54
复数 15，58，91，113

G

概率 42
概率密度函数 64
高德纳 82
高度 26
功 52
共轭复数 91
共价键 147
关系运算符 175
惯性，转动惯量 30-1
光强度 145
光速 14，59
光线示意图 142，154-5，199
国际单位制 142，144-5

H

哈勃常数 29
哈密顿，威廉·卢云 209
哈斯图 211
哈希 186-7
函数 22，94，97，98-9，102，118-21
焓 29
汉语数字 73
毫 38
核糖核酸（RNA）164，165
赫维赛德函数 28-9
亨 27
亨利，约瑟夫 27
弧度 117
胡克定律 34
华氏度 22
化学反应产物 42
化学方程式 132，136-7
黄金比例 64

J

积分 15，120-1，122
基 12，126
基本电荷 18
吉 24
吉布斯，约西亚·威拉德 25
吉布斯自由能 25
集合 95，106-9，188-9，211
几何公设 194-5
几何学 116-17，194-5
计算机代码 174-5，183
计算机科学 172-83
加法 92
加权图 203
加速度 11
家谱图 160，168-71
减法 92，128-9
交换图 210-11
胶子 24
焦耳 33
角动量 31，32，37
角度 117
角速度 31，56，65
角质量 30-1
阶乘 91
节号 187
介子 61，63
进制数 70-5
晶体管 182-3
镜子 155
矩阵 31，32，38，60，122-5
距离 16

K

开尔文 34，144-5
开关 179
坎德拉 145
康托尔，格奥尔格 107，206
克 24
克罗内克 δ 函数 57
空集 107
空间 152-3

库仑 15
夸克 12，15，17，44，47，48，49，159
宽度 52
扩散系数 16-17
括号 94-5，106，128-9

L

拉班，鲁道夫 200
拉班记号 200
拉格朗日，约瑟夫-路易斯 118，119，121
拉格朗日函数 36
拉普拉斯算子 57
莱布尼茨，格特弗里德 118，119，121，122
雷科德，罗伯特 196-7
棱柱 155
厘 15
离心率 20
离子键 147
黎曼，波恩哈德 58
黎曼 ζ 函数 58
力 22，150-1
砺智石 196-7
连分数 87
连通图 203
炼金术 192-3
亮度 37
零向量 126
流形 39
硫胺素 160，161，165
六十进制 74-5
卢卡斯数 36
罗马数字 15，17，36，51，68，76
逻辑 110-11
逻辑门 172，182-3
旅行推销员问题 203

M

玛雅数字系统 74
曼德博，本华 207
曼德博集合 207

盲文 79
冒号 97
酶 20
魅夸克 15，44，159
孟加拉数字 73
米 38，144
密度 17，62
面积 10
秒 46，144
模 91，174
模等价 103
摩擦 22，61，150，151
摩尔 38
莫尔斯电码 78
摩尔质量 145
莫泽，利奥 82
纳米 40-1

N

能量 18
能源 178
鸟嘌呤 160，161，165
尿嘧啶 165
牛顿，艾萨克 40，118，119，121
纽结理论 198-9
浓度 14-15

O

欧几里得 194-5
欧拉，莱昂哈德 118，119，121
欧拉常数 56
欧拉函数 64
欧拉恒等式 18
欧拉特征数 65
欧姆 65
欧姆，格奥尔格 65

P

排列组合 62
抛接 199
配体 37
皮 42
偏电荷 57

频率 22，61
平方根运算符 90
平衡常数 34
平均值 61，114
平面图 203
普朗克，马克斯 28
普朗克常数 28

Q

期望值 20
奇异夸克 44，47，159
气体常数 45
千 34
千克 144
潜热 37
强相互作用 153，158-9
敲钟记号 201
切向量 127
轻子 142，159
球 12
球体 46

R

群 24-5
热能 44
弱相互作用 153，158-9

S

散点图 205
熵 27，46
上标 20，82，117，132，187，190-1，196，211
上夸克 44，49，159
摄氏度 15
升 36
生物反应产物 42
省略号 97
施坦因豪斯，胡果 82
施坦因豪斯–莫泽符号 82
十二进制数 71
十进制 68，70，72-3
十六进制数 70
十字形图 92

时间 48，63，144，152-3
实数 45，113
实验室设备 132，138-9
势能 49
手势语 81
受力图 151
输出 179
数之和 62
衰变常数 60
双纽线 100
斯特藩–玻尔兹曼常数 62
四元数 28，30，32，35，113，208-9
素数计数函数 61
速度 49，50，51

T

太阳系 156-7
泰国数字 72
弹簧常数 34
弹性系数 58
汤姆森，威廉 34
汤姆孙，约瑟夫 159
特斯拉 48
特斯拉，尼古拉 48
特征向量 125
特征值 60，125
体积 50
体积流量 44
天行者家谱 170-1
条形图 204
同构 104
同伦群 61
同位素 190
统计检验 48
统计学 114-15
透镜 155
图表 25，202-3，205
脱氧核糖核酸（DNA）160，164-6

W

瓦特 52
瓦特，詹姆斯 52

完全图 203
危险标志 132，140-1
微分 118-19
微分算子 17
微积分 15，17，97，118-21
维恩，约翰 188
维恩图 188-9
未知数 40，52-3
谓词 110
温度 48，144-5
无穷 65，97，100-1
舞蹈记号 200
物理标准模型 142，158-9

X

西多会数字 77
西里尔数字 77
西门子 46
希格斯玻色子 29，152，159
希腊字母 56-65
下标 71，124，132，187，190，191
下夸克 17，44，159
线图 205
腺嘌呤 160，161，165
向量 40，94，96，124，126-7，142，150-1
向量空间 51
消光系数 58
小时 26
小数 84
小数点 96
谢尔宾斯基，瓦茨瓦夫 207
谢尔宾斯基三角形 207
信号旗 80
信号旗通信 79
星号 174
行星 156-7
虚数 30
序号 31，32

序数 190
血型 11，12，41

Y

压力 42
幺 53
尧 53
一元运算符 90-1
因努伊特数字系统 75
引力常数 24，59
印度-阿拉伯数字 68-70
有理数 44，113
有向图 203
宇宙学常数 60
语言 36
元素 132，134-5
原点 41
原子 133，142，146-8，158-9
原子核 146
原子核模型 146
原子序数 54，134
原子质量 134
约等于 102
运算顺序 128-9

Z

杂耍记号 199
泽 54
仄 54
张量 92
兆 38，48
折射率 41
整数 54，112
正态分布 115
正则表达式 172，176-7
证明 110-11
直径 16
指数运算 128-9
质量 38，144
质数 42

质子 42，132，134，146，159
中微子 61，159
中子 41，146，159
重力 150，151
周期表 132，134-5
周长 14，42
转动惯量 30-1
自然对数 18，56
自然数 41，112
总角动量 32
阻抗 54
组合数学 91，93，94

希腊字母

α 56
β 56
γ 56
δ 57
ε 58
ζ 58
θ 59
κ 59
λ 60，125
μ 61，114
μ 子 61，159
ν 61
π 61
ρ 62
σ 62，100，114-15
τ 63，159
υ 63
ϕ 64
χ 65
ω 65

其他符号

Å 11
ε 58
$\aleph$ 65，100

图片来源

10: © Martin Bergsma | Shutterstock
13: © Alex Mit | Shutterstock
17: © Wahoo | Shutterstock
20: © Eivaisla | Shutterstock
23: © R. Burgess | Wellcome Trust | (CC BY 4.0)
24: © doomu | Shutterstock
26: © del-Mar | Shutterstock
29: © SSSCCC | Shutterstock
31: © Nneirda | Shutterstock
32 bottom: © Haboco | Shutterstock
38: © Zdenek Matyas Photography | Shutterstock
55: © Martin Bernardi | (CC BY-SA 4.0)
62: © Alchemist-hp | Free Art License
207: (Sierpinksi triangle) © Flametric | Shutterstock
207: (Mandelbrot set) All four images © Wolfgang Beyer | (CC BY 4.0)
208 upper: © JP | (CC BY-SA 2.0)

Photographs not listed above are in the public domain. Every effort has been made to credit the copyright holders of the images used in this book. We apologize for any unintentional omissions or errors and will insert the appropriate acknowledgment to any organizations or individuals in subsequent editions of the work.

All illustrations are by Paul Oakley (www.fogdog.co.uk).